この瞬間こそが、いま、楽しい！

監査法人ほどおもしろい仕事はない

〜公認会計士資格保持者に、ホンネで語る〝働く〟ことの意味〜

史彩監査法人 代表社員
伊藤 肇 著

プレジデント社

はじめに

私が監査法人に入所した1991年頃に比べて、この業界はだいぶ様変わりしました。いい方向へ変わっているのであれば何の問題もありませんが、現状は、悪い方へ向かっている気がしてなりません。あくまでも私の所感ではありますが、思いついたことをいくつか記していきたいと思います。

まず、監査法人を辞めていく人が目立つ気がします。監査法人で培ったスキルや経験を活かしてコンサルタントとしてより深く企業支援に携わっていきたい、事業会社に移って内部から企業成長に貢献したい、独立して自分の事務所を立ち上げたい……。何か明確な目的を持って新たな道へ羽ばたいていくのであれば、ぜひ応援したいのですが、監査法人を去る人の多くは、監査法人や監査という仕事に疲れてしまったり、続けていくだけの魅力を見失ってしまったりしているだけのような気がしてなりません。辞めていく人から、キラキラしたものをあまり感じられないのです。

なぜ、そんな状況に陥ってしまったのでしょうか。

推測ですが、要因はいくつかあると感じています。一つは、減点主義です。監査という仕事柄、もともとミスには厳しい目が向けられる業界ではありますが、それにしてもミスを許容しない度合いが強くなっていると感じられます。年々増えていく規則やルールを守ることにばかり汲々としてしまい、なぜ、ミスをしてはいけないのかという本質を見失っているようにも思えます。ルールが非常に重くなっているのです。その結果、会計士一人ひとりの裁量も狭くなっています。監査では大勢のスタッフと彼らを現場でまとめるインチャージ（主任・主査）、マネージャー、監査チーム全体を統括するパートナーが協力することで業務を進めていくのですが、現場責任者であるインチャージであっても、自分で判断して意思決定できることは昔に比べてだいぶ限られてきています。パートナーであっても事務所に方針を確認することを求められたりするくらいです。これでは、自分で結果をつくったというやりがいは感じにくいでしょう。

業務量もかなり増えています。企業のグローバル化やビジネスの複雑化に伴い、監査の複雑さが増しているという背景はありますが、それ以上にルールや規則の増加に伴って必要書類も増えているのです。また、監査業界でもＤＸ（デジタル・トランスフォーメーション）が導入されてきていますが、ＩＴを使いこなすレベルには程遠く、ＩＴに使われてしまっているため、ただ覚えることが増えて業務もかえって煩雑さが増してしまったという状況が生まれていると思われます。

このような労働環境ですから昔から問題視されている激務もあまり改善されていません。結果、会計士はプロフェッショナルとしての自分自身の存在価値を見い出せなくなり、心身を疲弊させて、監査法人を去るという悪循環に陥っている気がします。

また、監査法人の外資化もこの業界の魅力を下げている要因のように感じます。なぜなら、グローバルの方針によってＩＰＯ監査の業務の割合を大幅に削減したりアドバイザリー業務を受嘱《じゅしょく》する件数を大きく絞っている監査法人が増えているからです。もちろん、監査法人の深刻な人手不足も業務領域を絞り込まざるを得ない原因になっています。ＩＰＯ監査は上場企業としての体制が整っていない中小企業やベンチャーがクライアントとなる分、どうしても目配りすべきことややるべきことが多くなってしまうからです。ただ、貴重なリソースを優良クライアントに集約することで、効率的に収益を上げていきたいという思惑も見え隠れします。あくまでも私見ですが。

監査業界のネガティブな状況にばかり触れましたが、私が伝えたいのはそんなことではありません。〝監査という仕事は楽しく、魅力もある〟ということを多くの会計士や会計士の卵の方たちに知ってもらいたいのです。

監査を通じて、企業の成長や発展に貢献することができます。例えばＩＰＯ監査であれば、上場企業としての仕組みや制度が整っていない企業にアドバイスを通じて仕組みづくりをゼロから支援することができます。その過程で育まれたクライアントとの信頼関係から上場後の監査も任せていただけたりします。会計士としてさまざまな経験を積み、知見を身に付けることができれば、経営者から直接、各種の相談を受け、その期待に応えることもできるようになります。

私が代表社員を務める史彩《しさい》監査法人のクライアントは、ほぼ売上高１０００億円未満の中小企業ですが、経営者の視座の高さや見識の深さには、驚かされてばかりです。そのような経営者の役に立てたときの満足感は非常に大きなものがありますし、結果云々を抜きにしても、経営者と会話をするだけで楽しくなってきます。

売上高が兆円単位の超大企業となると、経営者とそのような関係性を築くのは正直難しいのですが、中小企業であれば、監査中から直接会話をする機会がとても多く、信頼関係で結ばれるのは珍しいことではありません。それは、私のような社員（パートナー）という立場に限った話でもなく、史彩監査法人には、インチャージを通じて経営者に気に入られ、監査後に飲みに誘われたりしているメンバーもいます。監査チームの人数も数名ほどと少ないので、必然的に経営者や役員と接する機会が多くなるからです。

大手監査法人の場合、すでにグループ内にさまざまな機能を持った組織が存在します。日本を代表するような大企業クライアントにはグループを挙げて税務や法務などの各種サービスを展開していますが、中小企業においてはサイズ感が合わない場合も少なくなく、監査法人が主体的に関わることは稀で、グループ以外の提携先を探す、紹介するという一歩踏み込んだ業務はほとんど発生しません。

しかし、中小監査法人、特に史彩監査法人のように設立してそれほど日が経っていない監査法人の場合は、クライアント企業の要請や事情に合わせて、最適な提携先を自ら探して紹介することがあります。それを面倒くさいと思う人もいるでしょうが、自らのネットワークを広げて、クライアントの役に立つことに喜びを感じるというタイプであれば、やりがいを感じられるはずです。

ただ、ここに書いたような中小企業に対する監査業務や中小監査法人の楽しさ、やりがいは、現在見えにくくなっています。それは冒頭にも書いたように、業界を取り巻く課題・問題がとても多いからです。だからこそ、史彩監査法人のような新しい世代の監査法人が率先して監査という仕事を楽しみ、イキイキ働く姿を見せることで、監査業界で働く人たちに監査の楽しさ・魅力を再発見してもらいたいのです。そして、監査業界全体を再び活性化させていきたいと本気で思っています。

設立間もない小さな監査法人に何ができるのかと思う人もいるでしょう。しかし、それは決して不可能なことではないと信じています。私たちは真剣に、20年後の監査業界を変えるために前へ進んでいます。ただ、それにはもっと大勢の仲間が必要です。例えば史彩監査法人の中にイキイキと監査という仕事を楽しむ仲間を増やし、監査業務の楽しさを満喫している人たちであふれさせることで、発信力を高めていかなければなりません。そのことを一人でも多くの人に知ってもらうため、今回、筆をとった次第です。

史彩監査法人 代表社員　伊藤 肇

Chapter1

間違いだらけの〝就職先〟選び？

Chapter2

「公認会計士」資格を、どう活かすか

Chapter3

だから成長する「史彩」の教育

Chapter4

業界を変える「史彩監査法人」ビジョン

Chapter5

これが先輩社員たちの声。「監査は楽しい！」

Chapter1

間違いだらけの〝就職先〟選び？

迷い多き、20代~30代の公認会計士資格保持者へ

あなたの監査法人選びは、本当にそれでいいですか?

最近、しばしばそんな考えが頭をもたげてくるのですが、それには理由があります。監査法人入所後、約5年で30~50%に達するという離職率の高さです。その原因についてはおいおい触れていきますが、そもそも入り口の時点で監査法人選びを間違っているのではないかと感じられてなりません。

公認会計士試験に合格すると、ほぼ100%の人が日本公認会計士協会準会員(旧、会計士補)として監査法人に入所します。2年間におよぶ実務経験と実務補習で必要な単位を取得し、修了考査に合格してはじめて公認会計士として登録できるからです。

この〝公認会計士への助走期間〟ともいえる時期を過ごす場所として、ほとんどの人は深く考えることなく、〝とりあえず〟大手監査法人を目指すのではないでしょうか。

Chapter1

大手にいれば、日本を代表するような大企業の監査に携わる機会があるし、将来のキャリアを考えた場合、ブランド力のある大手監査法人にいたという経歴は武器になります。ＩＰＯやＭ＆Ａのアドバイザリー業務、企業再生案件といった幅広い業務経験を積む機会にも恵まれそう、収入も高そうなど、大手監査法人を志望する理由はいくらでも思いつくでしょう。

「知名度の高い監査法人に入ったほうが、親が安心する」といった話を耳にしたこともあります。

一昔前までであれば、こういったイメージで監査法人を選ぶことも間違いではありませんでした。

かくいう私も助走期間から公認会計士として登録した後も20年以上をいわゆる4大監査法人（有限責任あずさ監査法人、ＰｗＣあらた有限責任監査法人、ＥＹ新日本有限責任監査法人、有限責任監査法人トーマツ）で過ごし、企業再生案件以外すべてといえるほどの業務経験を積みました。携わってきたクライアント企業もバラエティ豊かで、経験したことのない業種業界は数えるほどしかありません。

しかし、最近は状況が大きく変わってきています。

▼大手監査法人では大手企業の監査以外の業務が縮小傾向

最大の変化は、「大手監査法人にいれば、幅広い経験を積める」とは限らなくなったことです。例えば、業務効率化を図るため、収益率の高いクライアントや業務にリソースを集中的に投下するようになってきた結果、中小企業やIPO監査の規模を縮小し、M&Aなどのアドバイザリー業務を切り離して別法人で行うケースが増えています。

大手に次ぐ規模の準大手監査法人の中には、IPO支援業務を担ってきた部門を廃止してしまったところもあると聞いています。そうでないところも、系列の別法人が主体となって業務を請け負うようになり、本体といえる監査法人では大手企業の監査以外の業務は縮小しているのが現実です。

つまり、入所しても経験できる領域が縮小し、細分化されつつあるということです。

このような動きの一因として、大手監査法人が連携しているBIG4の方針があります。

BIG4とは、アメリカ・ニューヨークに本社を置くデロイトトウシュトーマツ、イギリスのロンドンに本社があるアーンスト&ヤング(EY)とプライスウォーターハウスクーパース(PwC)、オランダに本部があるKPMGというグローバルに展開する4つの会計事務所を指します。

世界中の主要な大企業のほとんどはBIG4いずれかのクライアントといわれるほど会計業界では大きな存在です。

日本の大手監査法人も、あずさ監査法人がKPMG、あらた監査法人がPwC、新日本監査法人はEY、監査法人トーマツがデロイトトウシュトーマツというように、それぞれBIG4と連携しています。このBIG4の方針が、各国を代表するような大企業を積極的に支援するというもので、その影響を日本の大手監査法人も受けているというわけです。

もちろん、以前から大手監査法人の主要なクライアントは東証一部上場企業が占めていましたが、最近は、クライアントをより規模の大きな企業に絞る傾向が強くなっているように感じられてなりません。

このような動きと直接関連があるか定かではありませんが、図1－1のように、最近、大手監査法人から準大手監査法人や中小監査法人へ「監査法人異動」した上場企業が増えています。

2022年の監査法人の異動規模別の数を見ても、大手から準大手へ異動した上場企業が50社（前年比21・8％増）だったのに対して、大手から中小へ異動した数は106社（前年比21・8％増）に達しています。

ちなみに、2018年の数が多いのは、太陽有限責任監査法人と優成監査法人の合併などの影響があったからで、それを除けば、2019年、2020年まで横ばい程度の異動数になるでしょう。

こういった背景には、監査法人業界の人手不足も関係しているのではないでしょうか。団塊世代の退職によって経験値の高いベテラン会計士の数が減っている一方で、国際会計基準（IFRS）を導入する企業が増え、仕事量そのものは増加しています。

大企業による不正の露呈によって、監査にこれまで以上に厳格さが求められるようになっていることも影響しているでしょう。リソースを集中投下することでクライアント数や一つひとつの案件の規模が大きくなれば、その分業務量も増えていきます。結果、一層業務の領域を絞り込んでいかざるを得ないという状況が生まれているのです。

監査業界を取り巻く現状には、他にもいろいろな課題、問題があります。それらを知ったうえで、自分がどのようなキャリアを歩みたいのか、仕事に対して何を求めているのかといったことを重ね合わせて、明確な目的意識を持って入所する監査法人を選ぶ時代になってきているのだと思います。

そんな〝賢い監査法人選び〟のお役に立てればと思い、次項からは監査法人業界のあれやこれやについて、紹介していきたいと思います。

図1-1　監査法人異動　年次推移

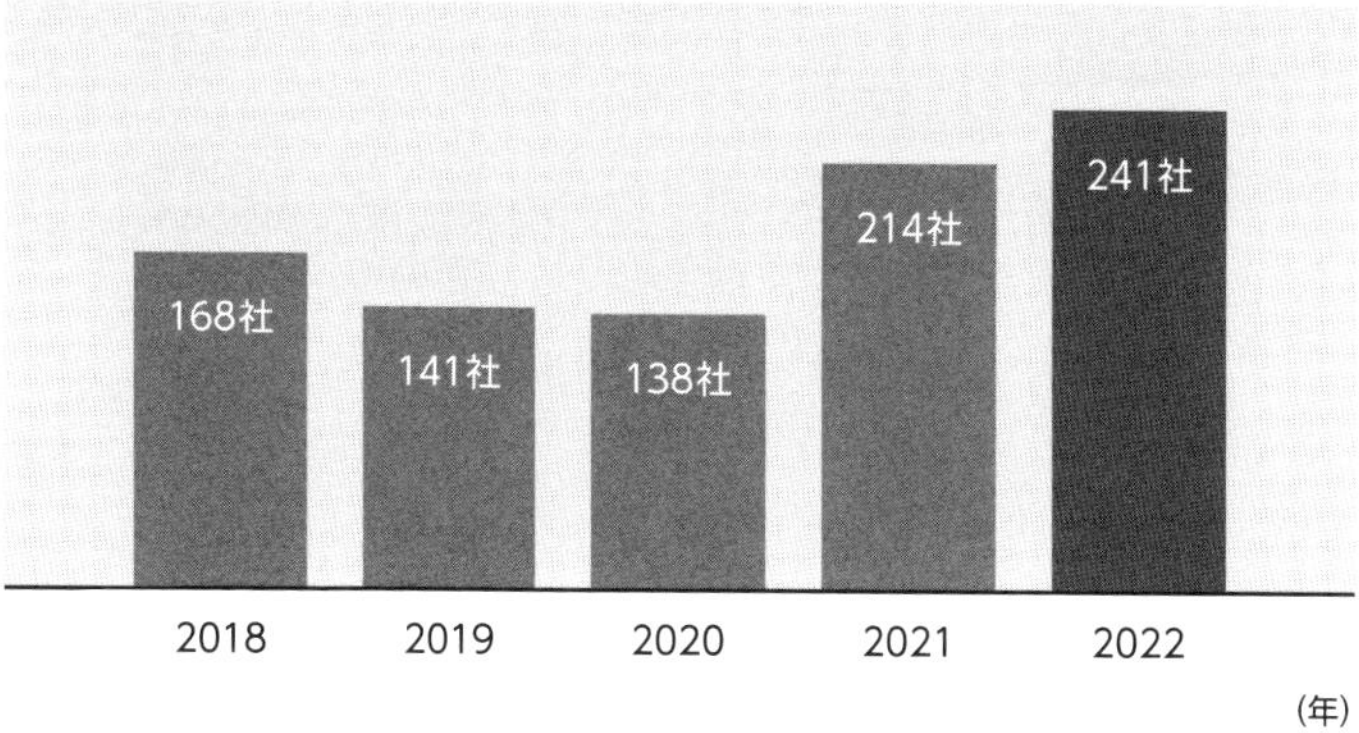

出典：東京商工リサーチ調べ

大手、中小、ベンチャー。規模や志で変わる監査法人の違い

ひと口に監査法人といっても、規模やクライアント、業務内容などによって違いがあります。大手監査法人については前項で簡単に説明しました。補足するのであれば、公認会計士・監査審査会では、大手監査法人の定義を「上場会社を概ね100社以上監査し、加えて監査実施者が1000名以上の監査法人」ということでしょうか。他に準大手監査法人、中小監査法人、ベンチャー監査法人があります。

準大手監査法人とは、大手に次ぐ規模の監査法人のことで、仰星監査法人、三優監査法人、太陽有限責任監査法人、東陽監査法人、PwC京都監査法人の5法人があります。準大手といわれる目安は、ざっくりと従業員が200名ほどで、クライアントの企業規模も大手監査法人に比べてやや小さくなります。

大手監査法人と準大手監査法人に含まれない監査法人を中小監査法人と呼んでおり、120社ほどあるといわれています。中小監査法人はさらに、昔からある監査法人と2010年代半ば以降に設立されたベンチャー監査法人に大きく分類でき

ます。ベンチャー監査法人とは、大手監査法人に在籍していた会計士が辞めた後に設立した監査法人で、「IPO監査をしたい」という明確な目的を持っているケースがほとんどです。

昔は、監査法人を設立しても経営を維持することが非常に困難だったため、新規に監査法人を立ち上げるケースはあまりありませんでした。しかし、近年「監査難民」という言葉が生まれるほどIPO監査を依頼できる監査法人の確保が難しくなっています。そのため、中小監査法人がIPO監査を引受けることに政府や行政も前向きになったことで、監査法人を設立しやすくなったという背景があります。

この辺りの事情についてもう少し補足しておきます。かつてIPO監査は大手監査法人の独壇場でした。ところが、近年IPOを目指す企業が増加していること、上場企業の不祥事が続いたことによって監査法人に対する監督官庁の目が厳しくなり、1社に費やす業務や時間が増加していること、加えて、働き方改革や残業規制が強化されたことで、大手監査法人といえどもIPO監査に割く人的リソースが不足しているのです。さらに、お話しした通り大手監査法人はIPO関連の業務を縮小する傾向にあります。こういった事情が重なり、IPOを目指す企業と監査法人との需給バランスが崩れてしまい、IPO監査を依頼できる監査法人を確保するまでに数カ月から数年かかるという事態がそこかしこで起こっているのです。

一方、会計士にとっては、IPO監査は非常におもしろくやりがいも感じられる魅力的な業務です。しかし、大手監査法人ではその機会を得るのが難しくなってきたため、「IPO監査をするため」に大手を飛び出した会計士たちが集まりベンチャー監査法人を立ち上げるケースが増えているというわけです。

ただ、IPO監査を行うには、さまざまなハードルや規制があるため、IPOの周辺業務が中心でIPOそのものの監査は行っていないベンチャー監査法人が少なくありません。また、拡大志向が強く、新人や中途で会計士を常勤採用しているところもあれば、非常勤の会計士が中心のベンチャー監査法人もあります。そのため、IPOの監査を手掛けることが可能な監査法人をいかに拡大・成長させていくかという課題もあります。

▼ブランド力が大きな違い

それでは、それぞれの監査法人による違いを説明していこうと思いますが、最近は準大手も大手と同じような経営方針をとっていることから目立った違いは少なくなってきているため、本書ではまとめて大手監査法人というくくりでまとめてお話ししたいと思います。

監査法人のメイン業務である監査については、それ自体に本質的な違いはありませんが、クライアント企業の規模は大きく異なります。日本を代表するような大企業は、ほぼ大手監査法人によって独占されているからです。そのため、中小・ベンチャー監査法人のクライアントは中小企業がメインとなります。また、知名度も明らかに違います。大手であればブランドによる恩恵があり、例えば、さまざまな情報が待っていても入ってきます。一方、中小監査法人の場合、自分たちから情報を取りにいかなければなりません。

大手は連携しているグローバルファームから監査をはじめとした多種多様な業務ツールが提供されるというメリットもあります。

また、給料も基本的に大手のほうが高く設定されています。ただし、監査法人における給料は、パートナー、マネージャーといったポジションによって変わるため、一概に「大手のほうが稼げる」とはいえません。従業員数が多く、出世のハードルが高い大手よりもライバルの少ない中小のほうが上へ行ける可能性が高いかもしれないからです。

大型豪華客船に乗るのか、小船でも豊かな経験を積むのか

大手監査法人はクライアントが大企業の場合、監査チームも50人、100人といった大人数になります。そのため、一人ひとりが担当できる業務領域はどうしても限定的になってしまいます。特に、経験の浅いスタッフ（監査補助者）のうちは、特定の勘定科目の監査だけを担当するなど監査全体を俯瞰して自分がどのような役割を果たしているのかを理解する機会に恵まれず、ただ、目の前の業務をこなすことに終始しがちです。現場責任者であるインチャージ（主任・主査）になれば、スタッフが作成した監査調書を見て、監査手続が適切に行われているかを確認したり、現場での進捗管理を行ったりと業務の幅も責任も広がりますが、クライアントが大手企業の場合はチーム内に主査が複数名配置されていて、やはり担当する領域は限られているのが普通です。そのため、監査業務の経験を幅広く積むには複数のクライアントを経験する必要があります。

ところが、超大手企業を受け持つ場合は、いわゆる一社張り付きといわれるよう

な、ほぼ一社の仕事だけを担当することもあるなど、幅広い経験を積むには運の要素が含まれたり、長い時間がかかったりしてしまうことがあるのです。そして、ベンチャー企業やＩＰＯ監査の希望は必ずしも通らないのが現実です。

また、大手監査法人には数千人という会計士がおり、経験豊富な会計士も数多く在籍しています。クライアントも大企業であり、監査業務においても非監査業務においても質の高いサービスが求められます。そのため、重要な業務の担い手に若手を抜擢するという機会は限られていて、実力を磨いていっても、なかなか席が空かないということもあります。

一方、中小監査法人では、監査チームが3～5名といったケースも珍しくありません。いくつかの中小監査法人とベンチャー監査法人では、担当領域も幅広く、さまざまな経験を短期間のうちに積むことになります。大手のような「張り付き」といったケースはほぼなく、さまざまな企業の監査に携わるチャンスも豊富です。担当できる領域が広く、クライアントと直接会話する機会も豊富な分、「クライアントの役に立てている」という手応えを得やすいのも中小監査法人といえるでしょう。

勘違いしてほしくないのは、どちらの働き方がいい、悪いと言いたいわけではないということです。その良し悪しを決めるのは、結局のところ〝自分が仕事に何を求めるか〟次第だからです。

超大企業のクライアントの監査で、スケールが大きくて、高度かつ多様で複雑な業務に、じっくりと腰を据えて取り組みたい人には、大手監査法人が向いているといえます。監査ツールが充実している分、基本的な監査のやり方は覚えやすいはずです。膨大なノウハウも蓄積されています。また、監査業務だけでなく、非監査業務にも、時間をかければ携わるチャンスが得られます。逆に、「監査の一連の流れを早く習得したい、クライアントの役に立っていることを実感したい」という人には、中小やベンチャー監査法人のほうが向いているでしょう。

クライアントが大企業だと社内に経理や内部監査の人材がそろっているため、社内で解決できてしまう課題が多く、監査人が口出しする機会が少なくなりがちです。

一方、中小企業にはそれが難しいため、自社で判断しかねる分野が多く、困っていることが多々あります。

その分、監査法人としてアドバイスや提案できることがたくさんあり、喜んでいただける機会も多いからです。そのかわり、責任ある業務を早い段階から担当することになるため、クライアントはもちろん、監査法人内からも早いうちからシビアな目を向けられることになることも理解しておいてください。

ただし、中小監査法人というだけで、そういった経験ができるかというと、そうとは限りません。理由は、法人内のカルチャーの影響も大きいからです。大手監査法人と中小監査法人、それぞれで働いたときのメリットとデメリットを図1－2にまとめておきましたので参考にしてください。

これまでの経験上、監査法人は減点主義の傾向が強いと感じています。ミスを許容しないカルチャーといえばいいでしょうか。これには致し方ない側面もあります。クライアント企業の不正や間違いを見逃さずに発見して正すという監査の性質上、ミスをネガティブにとらえる思考が定着しているからです。ここ最近の企業不祥事によって、その傾向に拍車がかかっているようにも感じます。

各監査法人は規則やルールを厳格にし、その数も増やしています。

これによって何が起こっているかというと、例えば、インチャージであっても自分で判断できず、持ち帰って上司の確認をとるといったケースが非常に多くなっています。

インチャージの上にはマネージャーがいて、さらに上にパートナーがいるのですが、下手をすると、パートナーであっても自分で判断できずに法人としての考えを確認することを求められたりします。結果、一つの判断を下すまでに2カ月かかるといったことが日常茶飯事で起きているのです。

意地悪な見方をすれば、監査法人に厳しい目が向けられるようになったため、何かあったときに責任を追及されないよう規則やルールをたくさん設けて、余計なことはせずその通りに動くことを強いているようにも見えます。

これでは息苦しいですし、成長するために必要な〝チャレンジする機会〟も奪われかねません。そのため、成長機会を求めて監査法人を選ぶのであれば、チャレンジを推奨している法人なのか、ミスに対してどのような考えを持っている法人なのかといったことも確認する必要があります。

図1-2　大手監査法人と中小監査法人。働くうえでのメリットとデメリット

監査法人規模	メリット	デメリット
大手監査法人	●ブランド力 ●超大企業の監査経験 ●充実した監査ツールの活用 ●監査スキルの習得	●業務が機械的になりがち ●裁量範囲の狭さ ●大企業監査以外は縮小傾向
中小監査法人	●IPO監査など幅広い業務経験 ●監査全体を理解して取り組める ●クライアントとの距離感が近い ●裁量の大きさ	●ブランド力が弱い ●育成はOJTが中心 ●超大手企業の経験は積めない

避けられない監査のＤＸ化とそこにある基本思想

近年、企業におけるＤＸが進展してきたことで、監査の世界にも大きな変革が訪れようとしています。それが「データ監査」です。

従来の監査ではすべての情報を事細かく精査するのではなく限られたサンプルを調査して、「不正のあるなし」を判断してきました。

しかし、企業活動の多くがデータ化されていく今後は、すべてのデータを監査して、より包括的な監査証拠とすることが可能になります。

例えば、大規模なデータ分析を行うことによって財務諸表が正確かどうかを、従来よりも迅速に、かつ細部まで確認できるようになるわけです。すでに監査調書の電子化や売上などの取引データを電子データで入手してデータ分析や異常取引の抽出に活用するといったＩＴ活用の事例が出てきています。

もちろん、データ監査を実現するにはさまざまなハードルがあります。企業活動のデジタル化の進捗度合いは、業種業界や企業によっても異なるため、すべての企業の監査でデータ監査を実施できるようになるには、まだまだ時間が必要でしょう。監査法人としてもデータ監査に必要なソフトウェアやツールをそろえなければなりません。クライアント企業とデータを連携するには、セキュリティやプライバシー保護など乗り越えなければならない課題もあります。

ソフトウェアやツールを的確に運用するには、エンジニアやデータアナリストといった専門スキルを持つ人材を採用する必要もあるでしょうし、会計士がソフトウェアやツールを使いこなすためには、研修などデータ監査を実施するために必要なスキルの育成制度を整備することも求められます。

そもそもデータ監査の手法が確立しているわけではないので、しばらくの間は最適な手法を模索する状態が続くため、適宜、ソフトウェアやツールをバージョンアップしていかなければならないでしょう。その分、コストがかさんでいくのは目に見えています。

それでも、大手監査法人は将来確実に到来するであろう「データ監査」時代に備えて、社内インフラや環境整備のため、すでに投資をはじめています。

しかし、大手に比べて体力が心もとない中小やベンチャー監査法人では、データ監査に向けて投資するかどうかはトップの考え方や方針に大きく依存します。

多少のリスクをとってでも未来に備えてデータ監査に取り組むところもあれば、冒険はせず現状維持を貫くところもあるからです。

将来的に、会計士にもデータ監査やIT活用のスキルが求められるようになるのは明らかであり、これから監査法人を選ぶ際にはこのあたりもポイントの一つになるはずです。

▼〝激務〟である監査を変えるには、DXが不可欠

IT活用については、監査法人の業務効率化への期待も高いものがあります。なぜなら、監査法人の仕事は、非常に激務だからです。

その理由の一つが、法定監査の時期が重なってしまうことにあります。上場企業

は3月決算が多く、法定監査はクライアント企業の経理部が決算を締める4月中旬以降から始まります。

実査に始まり分析的手続、棚卸しの立ち合いなどを行った後に監査調書をまとめるため、4月下旬から5月がもっとも忙しくなるのです。


では、繁忙期以外はゆとりを持って働けるかというと、大手監査法人の場合はそうではありません。

基本的に1年を通じて忙しいことがほとんどで、経験上、年間の労働時間がマネージャークラスで2500時間以上におよぶことも珍しくないのです。

なぜそのような状況が生まれるかというと、監査業務が従業員の稼働率を高めることで業績があがる労働集約型の仕事だからです。そのため、法人としては会計士の数を増やして受嘱できる案件の数を増やしそうとします。しかし、繁忙期に合わせて会計士を確保してしまうと、その他の時期に余剰人員が出てしまうため、必要最低限の人員で仕事を回そうとするので、常に人手が足りない状況に陥ってしまうのです。

これは蛇足ですが、これほど働いても実際に申告している労働時間はだいぶ短くなっているのが実情だったりします。もちろん、監査法人からはきちんと申告するよう指導されていますが、同時に、労働時間に見合った監査報酬を確保するようにもいわれます。

要は、実際に働いた時間を申告するために、クライアントと監査報酬の増額交渉をしなさいというわけです。これはとても真っ当なことなのですが、パートナーやマネージャーとしてはあまり気乗りすることではありません。結果、「正しく申告しろといわれても、できないよね」とあきらめるケースがほとんどなのです。これも、監査法人を辞める不満の種の一つになっています。

話を元に戻しましょう。監査法人の仕事が非常に激務であるため、従業員はすり減ってしまい監査という仕事のおもしろさまで見失っているのが現状だと感じています。ワークライフバランスが重視される現代、監査業界もＩＴ活用を進めて業務効率化を図っていくべきです。その点でもＤＸに積極的かどうかが監査法人選びの重要な要素になるはずです。

いい監督、いいコーチ、いい仲間と出会えることが基準に

充実した仕事生活を送るためには、やりがいのある仕事と出合うことが大切です。ただ、仕事にやりがいを感じられるかどうかは、仕事の内容だけでなく、自分をとりまく〝人〟も重要になります。自分の好きな仕事であっても、上司や同僚、後輩が仕事に対してネガティブで否定的な意見ばかり口にするような職場では自分だけ仕事を思いきり楽しむのにも限界があるでしょう。逆に、尊敬できる人や目標となる人、同じ目標に向かって一緒に頑張れる人たちに囲まれていれば、仕事に対するモチベーションは否が応でも高まるはずですし、切磋琢磨しながら自分も成長できます。会社を辞めるときの理由でも、〝人間関係〟がいつも上位にくるほど、自分を取り巻く〝人〟たちは働く場所選びにおいて、とても大きな要素になります。

では、監査法人を〝人〟という切り口で考えるとき確認すべきポイントは、経営者＝代表社員、野球に例えるなら監督とコーチにあたるパートナーやマネージャーといった上司＆先輩、そして、同僚たちということになります。では具体的に、ど

んな監督、コーチ、仲間がいいのかというと、人によって感じ方や感性が異なるので、一概に説明するのは難しいというのが、正直なところです。

そのため、ここでは私が日ごろから大切にしている4つの視点について紹介します。それは私自身がそうあろうと心がけていることであり、史彩監査法人のメンバーたちに求めていることでもあります。

まず一つ目が、「インテグリティ(Integrity)」です。「誠実」「真摯《しんし》」「高潔」といった意味になります。監査という仕事柄、仕事に対して誠実であることはとても重要で、それは仕事で関わる多くの人に対しても同じことがいえます。インテグリティのない人とは、気持ちよく仕事をすることができませんから。

2つ目は「存在」です。これは、何をやるのか、何のためにやるのかを明確にするという意味で使っています。人は、行動する目的をしっかり認識していないと、単なる作業になってしまいます。目的や行う意味が明確だからこそモチベーションが高まり、うまくいかなかったときには、どうすれば成功するのか改善策を考えます。目標が明確なほど、達成したときの喜びや達成感も大きなものになるはずです。

3つ目は「人間関係」です。これはすでに話した通り、仕事のおもしろさや充実感を得るために欠くことのできない要素です。

最後の4つ目が、「エンロールメント（enrollment）」です。もともとの意味は「登録する」「入会させる」ですが、「巻き込む力」などといったニュアンスで使われることもあります。私はもう少し踏み込んで、「相手をその気にさせる力」という意味で使っています。簡単にいうと、「説得」の反対でしょうか。無理やり何かをさせるのでも、誘導するのでも、交渉してやらせるのでもなく、自然と相手にアクションをとらせることです。

例えば、自分が気に入っているラーメンを友人に食べてもらいたいからと、お店に誘って「おいしいから食べてみて」と勧めるのはエンロールメントではありません。そうではなく、自分がラーメンを食べたときの感想、「麺がつるつるシコシコで、つゆは一見脂っぽいけれど、口にしてみるとすっきりとしていて、スーッと口に残る後味が旨味を強調してくれるんだ。自由にトッピングできる紅ショウガがいいアクセントになっていて、最後まで飽きずに食べきれるから、しばらくするとまた食べたくなるんだ」などと聞いて、ラーメンを食べている情景が浮かんで自分も食べたくなり、お店へ行く――これがエンロールメントです。

自分の中から「やろう」という気持ちが湧き上がってくるので、いい仕事をすることにつながりやすくなります。私にとっては、かつて侍ジャパンの監督を務めた稲葉篤紀さんがエンロールメントな存在です。彼を見ていると、「自分も」という気持ちが自然と湧いてくるからです。一緒に働く仲間の中に、そんな存在がいるかいないかで、仕事のやりがいや楽しさは大きく変わってくるはずです。

紹介した4つの視点以外で、重視すべきだと思うのは、「実るほど頭を垂れる稲穂かな」といった謙虚で素直な姿勢。そして、コーチャブルな人がいるかどうかでしょう。人を育てようという意識のある先輩たちがいるかどうかということです。こういった人たちに囲まれた環境に身を置くと、多くの気づきや発見に恵まれます。また、チャレンジしようとする気持ちも持てるようになります。

目標がはっきりしているから何をすべきか明確になるし、周りには自分をその気にさせてくれる人たちがあふれているからです。

人を育てる意識が強い人たちであれば、うまくいかなかったときでも、失敗そのものを非難するのではなく、次につながる助言をしてくれるはずです。その結果、一つひとつの経験から得られる教訓や学びが多くなり、数年後には着実に成長した自分と出会えるはずです。

資格取得後の就職・転職。監査法人選びの新・方程式

前述しましたが、ひと昔前までは〝とりあえず〟であっても大手監査法人を目指していれば、〝キャリア〟という観点からそれほど間違うことはありませんでした。「超」のつく大企業を含め多種多様な上場企業をクライアントに抱えて、監査だけでなく、IPOやM&A、アドバイザリー業務など幅広いサービスを提供していたため、培える経験に広がりも、深さもあったからです。

ただ、残念ながらこの状況は変わってきています。

大手監査法人側の変化はすでに説明してきたとおりですが、監査を受ける企業側の意識にも変化があらわれてきています。

大手監査法人ほど監査現場での意思決定がしにくくなり判断に時間がかかるようになったことへの不満が大きくなっています。世の中のビジネスは、スピードが強く求められるようになっている分、大手監査法人の慎重さが悪い意味で目について

しまうのかもしれません。
また、大手監査法人がＩＰＯ監査の案件数を大きく絞ってきているため、「監査難民」という言葉が生まれるほど、監査法人を確保するのが難しくなっているという状況もあります。その結果、ＩＰＯ監査をベンチャー監査法人に依頼する企業が着実に増えてきているのです。

このような流れは今後も続くでしょうし、大手監査法人が再び大きく方針を転換しない限り、ますます広がっていくはずです。その結果、より多くの企業が監査法人を選ぶ際の選択肢に中小やベンチャー監査法人を含むようになっていきます。それはつまり、監査法人のブランドや看板だけではなく、会計士一人ひとりの実力が問われる時代になっていくということです。

そうはいっても、「大手監査法人にいたという経歴はその後のキャリアで活きてくるはず」という人もいるでしょう。
もちろん、その考えを否定するつもりはありません。実際、監査法人から転職するときには有利に働く可能性が高いからです。

でも、それは短期的なものでしかありません。大手の看板を手放したとき、本人に相応の実力がなければ、あっという間にメッキは剝がれ、周りにいた人から見限られ離れられてしまうでしょう。

大きな看板の下で仕事をしていると、そこで得た成果や評価がすべて自分の実力によるものだと勘違いしてしまうことが多いからです。結果、思う通りに〝その次のキャリア〟を描くことが難しくなったりします。

結局は、会計士としての実力を高められる環境に身を置けるかどうかが重要であり、これからの監査法人選びにおいては、その視点を忘れてはならないということです。

▼スキルだけでは、プロの会計士にはなれない

では、会計士としての実力とは何なのでしょうか。「スキルこそすべて！」と思う方には、迷わず大手監査法人へ進むことをお勧めします。連携しているグローバルファームが世界中でサービスを提供する中で磨き上げた各種ツールを学べますし、スキルの習得に力点をおいた研修制度が整備されているため、監査に必要なスキル

を体系的に身に付けることができるからです。

この点、中小・ベンチャー監査法人はかないません。そこは、ベテラン会計士のOJTによってカバーしているのが多くの法人での実情ですが、人材の質や育成に対する考え方は監査法人によって差があるため、一概に論じることは難しいと考えています。

しかし、これからの会計士に求められる実力がスキルだけだとは、私には思えません。あくまでも私見ですが、今後必要な会計士の力とは、稲盛和夫さんがおっしゃっている「考え方×熱意(情熱)×能力(スキル)」であり、考え方、熱意、能力それぞれの要素を磨いていくこと、そして、前項で紹介した4つの視点「インテグリティ」「存在」「人間関係」「エンロールメント」を意識することで培われていく、人としての総合力だと思っています。

考え方というのは、本当に大切です。稲盛さんもおっしゃっていますが、ハイキング気分で楽しく山を登りたいなら気軽に行けるけれども、富士山に登りたいと思うなら、それなりの準備がいるし、体を鍛えて体力をつける必要もあります。ましてや、冬のヒマラヤに登ろうと思えば、それに勝る完璧な装備、さらなる体力が必要です。つまり、どんな人生を送りたいか、どうありたいのか、どうなりたいのかをしっかり考えることで、自分が何をしなければならないかが見えてくるというわけです。

目標がはっきりしてくれれば、自然と「達成したい」という情熱が湧いてきて、努力ができるようになります。もし、不足しているスキルがあることに気づけば、自分から学ぼうとするでしょう。そして、考え方と情熱さえあれば、スキルは自然に身に付いてくるものなのです。

これは余談ですが、私の経験上、スキルだけ磨いた人と話していてもあまり楽しいとは感じません。話に深みがなく、通り一遍のことしか聞けないからです。しかし、しっかりとした考えを持ち、かつ情熱もある人とは一緒に話していると楽しいものです。物事を深掘っていくためには対象をさまざまな角度から吟味していく必要があるため、物事を多面的にとらえるクセがついており、同じ経験からさまざまな教訓を得ていることが多いからです。

情熱があれば、対象を深く理解しようとするし、目標を達成するために役立つものはないかとあれやこれや興味を持ち探究するようにもなります。その結果、知識や話題が豊富で、ちょっとした会話にも深みが出てくるのです。

それに、軸がブレず、しっかりした考えを持っている人は信頼もできます。人間関係を構築するうえで、信頼は何よりも重要な要素です。

「監査は、帳簿をめくって企業の不正を見逃さないのが重要であって、クライアントと人間関係を築く必要はあまりないのではないか」と思うかもしれませんが、決してそんなことはありません。

クライアントと信頼関係が築ければ、現場での作業がスムーズに運びます。経営者との信頼関係があれば、さまざまな相談を持ち掛けられるようになり、アドバイスという形でお役に立てるようになります。

また、企業の不正が発覚するきっかけの多くは内部告発だったりするのですが、それも、経理担当者の人から信頼されていなければ、打ち明けてはもらえないでしょう。監査法人の仕事も、その他の仕事同様、人間関係、信頼関係がベースとして必要なことに変わりはありません。

話がだいぶ回り道してしまいましたが、要は、知名度だけに惑わされない監査法人選びの着眼点や方法論は持っておいたほうがいいということです。

監査法人としての規模やネームバリューだけで安易に入所先を決めてしまうと、自分の志向とは異なる場所で3年、5年という貴重な時間を無駄にしてしまう可能性もあります。

監査法人選びで何より大切なのは、「そこに入ると、何ができるのか、どのような経験を積めるのか、そして何よりも監査の仕事を楽しめるのか、夢中になれるのか」という視点を忘れずに、監査法人を吟味することです。

図1-3　これからの会計士に求められる力

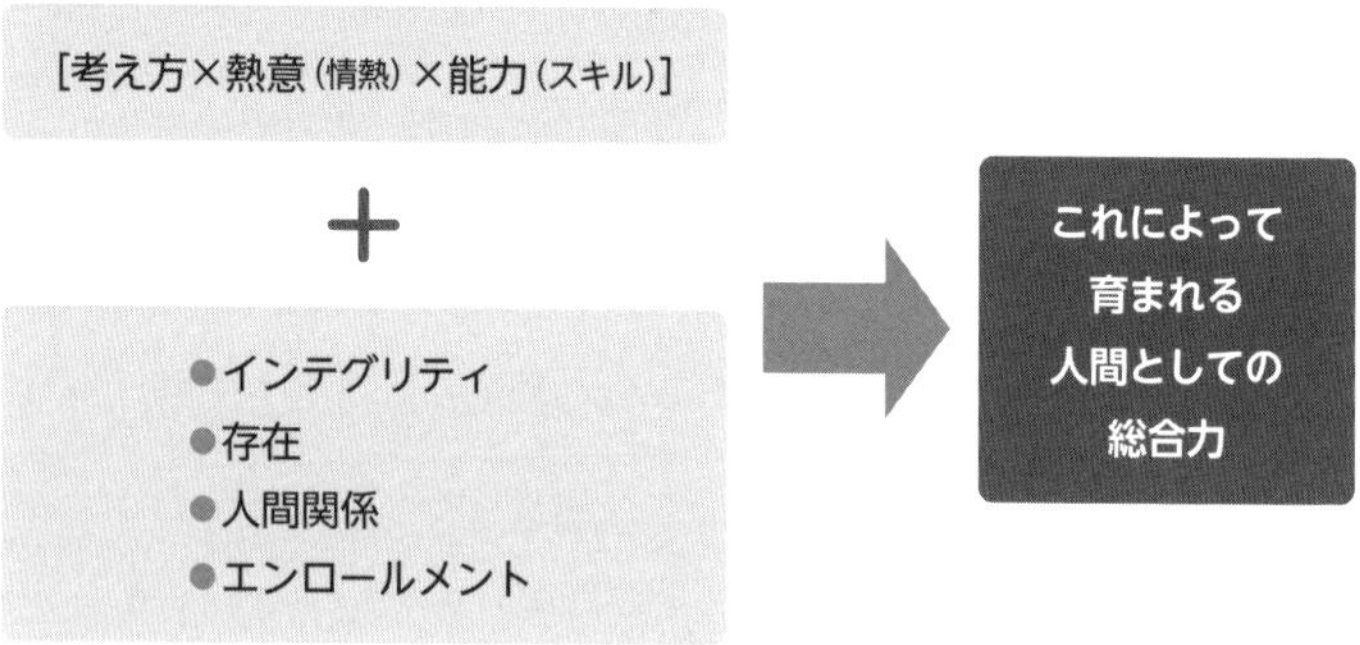

Chapter2

「公認会計士」資格を、どう活かすか

意外に知らない、監査法人がすべき仕事の本質とは

監査の仕事について説明している文章を見ると、「投資者などの利害関係者を保護するため、財務諸表や計算書類などに不正がないか調査し保証する」などとありますが、監査の本質を端的にまとめると〝会計不正を見逃さない〟ことです。監査法人がすべき仕事の本質とは、ほぼこれに尽きます。

ここで問題なのが、「現在の監査業界が本当にそうなっているか」ということです。企業の不正が続いたことで、以前に増して監査に厳格さが求められるようになっています。当然、監査法人としても新たなルールに沿うように制度や規則を整えていいます。ただ、守らなければならない規則やルールが増えたことで、それを守ることばかりに汲々として、本質である不正を見逃さないということに対してきちんと向き合えていないのではないかと感じることがしばしばあります。

例えば、悪質な会計不正が発覚した場合は、外部の弁護士や会計士などで構成された第三者委員会や特別調査委員会を立てて、なぜ不正が起きたのか、今後防ぐに

はどうすべきなのかを追究していきます。

その第三者委員会報告書などを見ていると、「監査において、すべきとされていることはしっかり行っているのだから、不正を見抜けなくても監査人の責任ではない」と割り切っているような、屁理屈をいっているような気がしてならないのです。この論法はある意味、間違ってはいませんが、監査の本質である〝会計不正を見逃さない〟という点においてどうかといえば、不誠実さを感じずにはいられません。これは非常に残念なことだと思っています。

このような事態に陥っている要因の一つには、監査人の〝不正を見抜く力〟の衰えがあるように感じます。その原因として考えられることには、監査法人の仕事のルーティン化があるのではないかと思っています。

上場会社の場合、前年の監査において監査人が「適正意見」を表明しているわけで、ほとんどの企業が不正をしていないことになっています。適正意見というのは、監査を行った後にその結果に対して監査人が表明する監査意見のことで、「無限定適正意見」と「限定付適正意見」を指します(図2－1)。要は、この企業の財務状況は適正に表示されていて問題ないと判断したことを意味しています。もし、「不適正意見」や「意見不表明」となると上場廃止になってしまうので、上場会社＝前年の監査で適正意見だったといえるわけです。
これを前提として監査を行っていると、基本的に前年の監査調書を当年用に修正するといった焼き直し仕事になってしまう恐れがあります。前年と同じような資料を提出してもらい、サンプリングしてお決まりの質問をする――これでは、不正を見抜くことは難しいですし、監査人の〝不正を見抜く力〟も磨くことはできません。2023年に楽天モバイルの元部長が業務委託費を水増しして数十億円も会社から詐取した事件が起きましたが、あの事件が監査ではなく税務調査で発覚したのも、監査のルーティン化の弊害だといえるかもしれません。

図2-1 4つの監査意見

無限定適正意見	一般に公正妥当と認められる企業会計の基準に従って、会社の財務状況を「すべての重要な点において適正に表示している」旨を監査報告書に記載する。
限定付適正意見	一部に不適切な事項はあるが、それが財務諸表等全体に対してそれほど重要性がないと考えられる場合には、その不適切な事項を記載して、会社の財務状況は「その事項を除き、すべての重要な点において適正に表示している」と監査報告書に記載する。
不適正意見	不適切な事項が発見され、それが財務諸表等全体に重要な影響を与える場合には、不適正である理由を記載して、会社の財務状況を「適正に表示していない」と監査報告書に記載する。
意見不表明	重要な監査手続が実施できず、結果として十分な監査証拠が入手できない場合で、その影響が財務諸表等に対する意見表明ができないほどに重要と判断した場合には、会社の財務状況を「適正に表示しているかどうかについての意見を表明しない」旨およびその理由を監査報告書に記載する。

▼不正を見抜くには、相応の見識やノウハウが必要

本来、監査人は決算書や勘定明細を見て、そこに違和感を抱いたら「この会社はこのような不正をしているのではないか」と、その手口を想像します。仮説を立てるわけです。次に、仮説をなぞりながら財務諸表や勘定明細といった提出書類を吟味していき、あるはずのものが足りていなかったり、数字の動きがおかしかったりといった矛盾を突き止めて不正を明らかにしていきます。

しかし、経験がなければ、何が不正の兆候なのかが判断できません。何かおかしいと感じても、企業に切り込んでいくノウハウを知らなければ動きようがないでしょう。仮に行動に移したとしても簡単にごまかされてしまいかねません。不正を働いている企業は、ある意味確信犯ですから当然見つからないように細工します。あからさまに転がっているような不正の証拠などあるわけがないのです。そこを突き崩して、不正の証拠をそろえるためには、そのためのノウハウが欠かせません。

こういった、不正かもしれないと感づくセンサーや、不正を追及するための聞き方、話し方、調べ方などは経験しながら身に付けるしかありません。また、「このビジネスモデルであれば、こういった業務フロー、業務内容であれば、このような

書類があるはずだ」と気づけるかどうかは、監査対象となる企業の業務知識の深さにかかってきます。ビジネスモデルや業務内容、企業文化、慣習などは、業種業界や企業ごとに異なるので、これも経験を積み重ねることで身に付けていくしかありません。例えば、不正にもいろいろなケースがあります。経営者が不正をしていることもあれば、経理が不正していることなどさまざまです。経理が不正をしている場合は、横領か経営者の指示のいずれかに分かれます。営業が不正を働いていることもあります。この場合、内部監査室が強い権限を持っていれば営業に対して指示を出せますが、そんなことは稀《まれ》で、たいてい営業のほうが強い権限を持っているものです。それに、内部監査室の人間は営業など現場の実務に疎かったりもします。一番やっかいなのは、内部監査室とはいえ同じ会社の社員ですから、社内の人間関係からは逃れられない点です。以前、ある会社の社長から「うちの内部監査室はまったく機能していない」と相談されたことがありました。でも、それには仕方のないところもあります。内部監査室の人間は職務上、指摘すべきことは厳しく指摘しなければならない立場ですが、その後も長く同じ会社の同僚として一緒に働いていくのだと思えば、口が重くなったとしても一概に責めることはできません。異動で厳しく接した相手と同じ部署に配属される可能性だってあります。だから、その社長には、内部監査室の人間を矢面に立たせるのではなく、社長自身が指示を出した体《てい》にすれば、現場も動きやすくなるのではありませんかとアドバイスしました。

こういった事情は珍しいことではなく、どこの会社でも起こりうる話です。そのため、内部監査室が営業に「こんな資料はありませんか」とうかがいを立てても「ありません」といわれてそれ以上踏み込めないことなど、いくらでも例はあります。その状況の中へ切り込んでいけるだけの見識やセンスを持ち、実際に行動へ移していける会計士こそが、監査のプロフェッショナルだといえます。

ただ、監査のプロフェッショナルといえるほどの会計士に成長するには、上場企業の監査だけをいくつかこなした程度では経験値が足りない可能性が高いといわざるを得ません。理由は、すでに説明した通り、上場企業の監査は前年までの監査をベースとして行われるからであり、監査件数が少ないと多様なケースを経験することができないからです。その点、IPO監査であれば、ゼロから監査の仕組みを構築するところから企業を支援できます。不正のあるなしをゼロから確認していくだけでなく、正しい会計処理を行えるよう体制をつくるフェーズから、クライアント企業の経営者や現場担当者などと会話を重ねながらサポートすることができます。そこで得られる経験値は、上場企業の監査からは想像できないほど濃いものです。

会社の仕組みを把握できる、監査法人の可能領域

会計士や公認会計士試験合格者の皆さんにとっては釈迦に説法ではありますが、ここで一度、監査について整理しておきたいと思います。

監査の仕事の本質について前項で解説しましたが、そもそも上場企業はなぜ監査を受けなければならないのでしょうか。それは、企業の経営状態を株主や企業に投資している人たちに対して明確に情報を提示する必要があるからです。ただし、明確に情報を提示しているかどうかを判断するには、企業内のさまざまな書類を調査する必要があります。

そのため、監査では、貸借対照表や損益計算書、総勘定元帳、現金、預金・借入金などの金融機関の残高証明書、契約書、請求書や領収書といった証憑書類、経理帳簿、会計処理システム、伝票、取締役会の議事録までも見ることができます。別に捜査権があるわけではありませんが、基本的に企業のあらゆる資料を開示するよう依頼できます。こういった書類の数字だけを単に追いかけているだけでは、財務

諸表が正しいか正確に見極めることが難しいため、監査に携わっていれば、企業の事業や業務についての知見も次第に増えていくことになります。

また、内部統制監査を通じて、企業の内部統制の仕組みについての理解も深まります。内部統制とは、企業が効率的、かつ健全に事業を運営するために必要な仕組みのことです。金融庁が公表している『財務報告に係る内部統制の評価及び監査の基準』では次のように定義されています。

「内部統制とは、基本的に、業務の有効性及び効率性、報告の信頼性、事業活動に関わる法令等の遵守並びに資産の保全の4つの目的が達成されているとの合理的な保証を得るために、業務に組み込まれ、組織内の全ての者によって遂行されるプロセスをいい、統制環境、リスクの評価と対応、統制活動、情報と伝達、モニタリング（監視活動）及びＩＴ（情報技術）への対応の6つの基本的要素から構成される」

内部統制監査とは、企業内部で行われた内部統制評価が適切なものかを確かめるための監査で、基本的に、監査人など外部の第三者が客観的に判断します。内部統制評価というのは、有価証券報告書を作成するために、ミスや不正の発生を防止できる体制になっているか、発生した場合に発見・改善できる体制になっているかを評価することです。

さらに、企業が業務で使用しているシステムについて、障害が起こる可能性や不正アクセスからの保護、企業経営への活用度などを客観的に点検・評価する「システム監査」や、セキュリティシステムが正常に機能しているか、サイバー攻撃など外部からの悪意ある攻撃に対応できるかなどを確認する「情報セキュリティ監査」といったものもあります。

▼幅広い知見と経験が、多様なキャリアを可能に

監査の仕事というのは、これほどさまざまな角度から企業のあり方を知る機会に恵まれています。事業や業務のフロー、ビジネスモデルはもちろん、人事労務や内部統制、経理体制、税務、資本政策、会計方針、ＩＴシステム、Ｍ＆Ａ、企業再生など、本当に幅広い知見や経験を得ることができるからこそ、監査法人に勤務した後、監査以外の道へ進む会計士がとても多いのです。

第三者として監査をしていたけれど、こんどは企業の中に入って培った経験を活かしたいと事業会社側へ移り、経理部門や内部統制、内部監査部門、ＩＴ統制部門、

中にはCFO（最高財務責任者）として活躍する人がいます。税理士事務所で税務のスペシャリストになる人も少なくありません。個人所得税や資産税は個人で開業している税理士の独壇場ですが、法人税になると会計の知識が重要になるため、会計士の活躍の場が増えるからです。監査法人ではクライアント企業に対してアドバイスまでしかできないため、より深く経営やビジネスに関わりクライアントに貢献したいという思いからコンサルタントへ転身する人も多いです。IPO関連の経験は証券会社でも活かせますし、投資会社へ行く人、独立して監査法人を立ち上げる人など、実力次第で多様なキャリアを歩むことが可能です。

最近増えているパターンは、個人事務所を立ち上げて税務やコンサルタントをしながら、週3日ほど監査法人で非常勤として働くスタイルです。監査法人が人手不足ということもあって、週に3日だけでもそれなりの収入を確保できます。ただし、これは監査法人が人手不足だから成り立っている働き方なので、今後同じ状況が続くかは定かではありません。いずれにしても、さまざまなキャリアの道が拓けるかどうかも監査法人での経験次第ということです。将来の自分のキャリアイメージが明確にあるなら、それに必要な経験が積める監査法人へ、そうでないなら、幅広い経験ができて成長もできる監査法人を選ぶのが賢い方法だと思います。

「監査は楽しい！」。やればやるほど深みが見えてくる

公認会計士試験に合格してこれから会計士を目指す人はもちろん、会計士として監査法人ですでに働いている人の中にも、「監査は楽しい！」と聞いて首をかしげる人がいるかもしれません。現在はそれほど監査という仕事の魅力が薄れてしまっているように感じます。監査は、企業の膨大な資料とにらめっこしながら、不正がないか一つひとつ確認していく地道な作業で、しかも、激務とくれば、そこに楽しさを見出すのは難しいと考えてしまっていても仕方ないでしょう。しかし、20年以上、監査に携わってきた先輩として、自信を持って「監査は楽しい」といえますし、少しでもその楽しさを味わってもらいたいと思っています。

では、何が楽しいのか。それは監査を通じて身に付けた知見やスキル、人間関係を活かしてクライアントの役に立てるから、つまり「結果をつくれる」からだと私は思っています。仕事の楽しさというのは、人によってさまざまだと思いますが、私にとっての仕事の楽しさは、結果をつくれるかどうかで決まります。特に、ＩＰ

O監査は、それを実感できる機会が非常に多いのです。

ちょっと不謹慎かもしれませんが、企業の不正を発見したときには「よし！」と思います。これまでに会社の不正を見破ったことは何度もありますが、IT関連のネットビジネスを展開していたある会社の資料を見たときも、「これは怪しい……」とピンときました。ソフトウェア会社に社内システム開発を数千万円という額で外注しているという資料だったのですが、その資料に記載されているソフトウェア会社はダミー会社で仕事の実態もないだろう、と感じたのです。根拠は、熱量の感じられない記載内容でした。普通、数千万円という投資を行うのであれば、発注する企業の実績や技術レベルなどをしっかり調べるはずです。これだけの金額になると、パッケージ製品であっても発注企業の業務スキームなどに即した形へ大きくカスタマイズしているはずですし、場合によってはフルスクラッチでソフトウェアを開発した可能性も考えられます。そのためには、何度も打ち合わせを重ねてお互いのイメージをすり合わせ、ソフトウェアの要件を固めていくはずなのに、そのようなことをした気配も資料からはうかがえません。外注先を調べてみたところ、案の定ソフトウェア開発をしている様子もないし、さらに社長の息がかかっている会社であることも判明したのです。そのうえで社長にインタビューしたところ、筋の通らない答えしか返ってきませんでした。その会社は上場準備段階で、私たちが監査をおりても問題がなかったため、指摘すべきことは指摘したうえで、おりさせてもらいました。

ＩＰＯを目指している企業は、これから上場企業としての組織をつくり上げていくフェーズなので、経理の人が足りていないことがよくあります。当時、担当していた企業も同じ課題を抱えていて、経理部長がものすごい量の業務を抱えていました。あまりにも激務だったため、人を採用したのですが、力量が求めているポジションに足りておらず経理部長の負担は減るどころか、その人の管理でむしろ増えてしまっている状況でした。ＩＰＯに向けた準備に入ると経理部長はその業務にかかりきりになり、それまでの自分の業務も満足にこなせなくなります。そのため、人を採用するのであれば、経理部長が担当していた業務を肩代わりできるレベルの人、経理部長の片腕として働いてくれる人が必要であることをこの会社の社長にアドバイスして、採用し直したこともありました。

監査をしているだけで、ここまで踏み込んで会社にアドバイスをする会計士は少ないかもしれません。しかし、それは裏を返せば、アドバイスできるだけの知見を持っていれば、監査という仕事を通じてクライアント企業に貢献できることがたくさんあるということです。もちろん、第三者としての立場から財務諸表や内部統制などを監査する立場ですから、社内の仕組みづくりを直接手伝うことはできません。あくまでもアドバイスの域は出ませんが、それでも、イメージしていた監査の仕事とはだいぶ変わるのではないでしょうか。

これは監査の仕事とは多少ズレますが、会計士として第三者的立場で会社を冷静に見ることができるようになると武器になるという話もしておきましょう。一例が、情報システムです。ある程度の規模の企業が情報システムを導入するときはＳＩｅｒ（エスアイヤー、System Integrator）に依頼することが多いのですが、ＳＩｅｒは少しでも多く利益を出すために多くの機能をいろいろと備えたシステムを勧めてくるものです。しかし、会社とＩＴのことを熟知している会計士であれば、本当に必要な機能に絞り込んだシステムがわかるので、導入コストをリーズナブルに抑えるためのアドバイスができます。仮に適正な機能のシステムを勧めようとする良心的なＳＩｅｒであっても、会社の業務理解が浅ければその会社にマッチしたシステムを構築することは難しい。その点でも、業務まで理解している会計士は強みを発揮できます。つまり、結果をつくれるわけです。

「続、監査は楽しい！」。経営者のパートナーにもなれる

監査の仕事を通じて、さまざまな企業の多種多様な課題に対する対処法や事例を自分の中に蓄積していくことで、経営者のあらゆる疑問・質問に答えられるようになります。そこまでいかなくとも、頭の中にいくつも知恵の引き出しを持っていれば、経営者や現場責任者に対して有益な情報を提供できるようになっていくものです。その関係性ができてくると、クライアントから信頼されるようになり、さまざまな場面でお役に立てる機会に巡り合うようになります。

例えば、企業の買収を考えている社長から「いくらくらいかかるだろうか」と質問されたことがあります。ＦＡ業務を行っている専門会社に依頼する前段階で、およその目安を知りたいという意図でした。この段階で、想定している予算とかけ離れていないかどうか、ＦＡ業務を依頼する前に感触をつかんでおきたいということだったのでしょう。依頼してしまうと、それなりのコストが発生するからです。それに対しておおよその金額や交渉にどの程度の手間暇が必要か、どのようなリス

クが想定できるのか、最初の導入部分についてお話ししたことがあります。その後は、専門の会社を紹介してモニタリングするだけにとどめました。

別の会社ですが、M&Aをした後のPMIがうまくいっていないと相談を受けたこともあります。PMIとは、「Post Merger Integration」の略で、買収や合併の後に、経営や制度、業務、意識などを統合するプロセスのことです。PMIはM&Aの成否を握るといわれるほど重要なプロセスで、ここで躓《つまず》くと買収先企業とのシナジーが生まれるまでに長い時間がかかってしまったり、期待したシナジーを生み出せないまま失敗に終わってしまったりします。

この会社の場合は、買収先企業の管理面に問題があり、債券や滞留売掛金のコントロールができていませんでした。しかし、経理部門は人材を丸ごと引受けたために、管理手法も従来からあまり変わることがなく、新しく経理部門に配属された人では調査もできず改善のための青写真を描くことができない状態だったのです。そこで、現場担当者一人ひとりにヒアリングして課題をリスト化していきました。このあたりは会計士の得意分野です。必要な資料なども整理して解決に向けた道しるべを社長に伝えました。そこから先は、その会社の社員が主体となり動いてもらうことで課題を解決することができたという経験があります。

幅広い経験、知見を持っている会計士は、企業が困っていることを解決へ導くためのグランドデザインを描くことができるのです。ソフトウェアの会計処理などはいい例かもしれません。現在のソフトウェアの会計基準は、昔のパッケージソフトを前提につくられたもので陳腐化してしまっています。現在主流となってきているサブスクリプションやＳａａＳのソフトウェアに対応しきれているとはいいがたいのです。そのため、例えば導入費用をどのように計上すればいいのかなど、企業側が現在の会計基準に即した形へ適応させていかなければなりません。ただ、その方法は企業によって千差万別で、事業形態や状況によって正解が変わってしまうのが現状です。そのため、さまざまな企業の事例を経営者は知りたがりますし、アドバイスを求めてきたりします。その期待に応えて、実際経営者がアドバイスを取り入れてくれたときはうれしいものです。別に、コンサルタントフィーをいただいているわけではありませんが、クライアントへの貢献という意味で、結果をつくれたことにもなります。

通常、監査というとお堅くなりがちです。経営者にヒアリングする機会がありますが、「不正の兆候はありますか」、「内部統制についてどうお考えですか」といった画一的な質問をするだけ。おそらく、ヒアリングを受けている経営者もつまらないと思います。でも、経営者から「こいつは信頼できる」と思ってもらえていると、監査している過程で「実はね……」と話が盛り上がって本音が聞けたりして会話が楽しいんです。時価総額50億円ほどの企業の経営者が「上場廃止にしようと思っているのだが」と本音をもらしたことがあるのですが、計算してみると、上場廃止するために18億円もかかることがわかってやめたとか。逆に、IPOしたいと思っている経営者がいたのですが、正直なところ、既存事業は成長性も少なく、時価総額もたいしてつきそうもありませんでした。それに、スモールサイズで上場してうまくいかずに上場廃止したいとなっても、コストがかかりますよといった話で盛り上がったこともあります。

こういった話を経営者とできるだけでも、非常に勉強になります。中小企業といえども、多くの社員を抱えて企業を経営しているからには、従業員とは異なる視点、高い視座から物事を見て、考えを巡らせているし、さまざまな場面でひりつくような決断を行ってきています。そういう人と、本音ベースで話ができるというのは、本当に楽しいものです。しかも、その関係性から新たなビジネスにつながることだってあります。こういったところも、広い意味で監査の楽しいところだと思います。

自身のキャリアアップを見据えて、将来像を描いていく

監査法人内でキャリアを歩んでいくとするならば、最終的にパートナーを目指すのが王道といえるでしょう。しかし、その道は簡単なものではありません。図2－2にあるように、スタッフからシニアへ上がるには最短でも3年はかかります。この3年という数字も、さまざまな経験を短期間のうちに積むことができる環境があることを前提としたもの。例えば、超大企業の監査を担当しているチームに入ると、3年経っても複数の勘定科目の監査経験しかないということも珍しくありません。

シニアに上がる頃からインチャージを担当するようになってきます。いわゆる現場責任者です。クライアントと直接会話する機会がグッと増え、監査計画を立てて進捗管理なども行うようになるなど、業務領域もかなり拡がります。このあたりから監査法人の方針やクライアント層によって、経験できる内容にも差が出始めます。先ほど紹介したように、監査の一部分しか経験できない超大企業と異なり、中小企業の監査やＩＰＯ監査を受嘱している監査法人であれば、内部統制やＩＴ監査、Ｉ

Chapter2

ＰＯ監査などの業務を通じて、クライアント企業全体を俯瞰した視点から理解を深めていくことも可能になるからです。大企業の監査では、インチャージであっても会話するクライアント側の人は経理課長や主任ということが多いのですが、中小企業やＩＰＯ監査の場合は役員クラスや経営者本人ということが多くなります。

監査法人に入所して10年前後のキャリアを積むとマネージャー、さらに5年ほど経験を積むことでシニアマネージャーへと上がっていくことになります。このくらいになると、クライアントの監査に関するいかなる質問にも対応できるのはもちろん、監査以外の相談ごとにも対応することが求められるようになってきます。例えば、監査領域であれば、フォレンジック(forensics)などもその一つでしょう。これは、不正や横領などの証拠を法廷で証拠として使用できるように情報分析を行うことです。また、会計上のリスクマネジメントやビジネスプロセスマネジメント（ＢＰＭ）についてアドバイスを求められることもあります。会計、税務面から企業診断や成長につながる支援を行うケースも出てくるなど、監査のエキスパートであると同時に、企業経営に関する深い知見も必要な場面が増えていくわけです。

企業や事業の仕組みを深く理解している〝できる〟会計士は、少し業務内容を聞いただけでサラサラと業務フローを書くことができます。クライアントから受け取った資料を見ただけで、どれほど熱量を込めてつくった資料なのかを見抜くこともできます。

それを可能にしているのが、多種多様なクライアントの内情をつぶさに見てきた知見です。比較対象となる企業の事例が数多くあるからこそ、クライアントが抱えている課題を明確に見抜くことができるのであり、他社の好事例を参考に中身のあるアドバイスが可能になるのです。

このあたりになると、スタッフからシニアマネージャーになるまでに、どれだけ広く、深く経験を積んできたかがものをいってくるため、オールラウンド会計士、オールマイティ会計士を志すのであれば、早い段階からどのような経験が積める監査法人なのかを意識して、働く場所を選ぶ視点が必要になるといえるでしょう。

▼外へ出るにも結局は経験がものをいう

監査法人内でキャリアアップを目指す場合、難しいのは、上へ行くほど席が空いていないという現状です。特に大手監査法人と社歴の長い中小監査法人で顕著ですが、シニアマネージャーやパートナーの席が空かず、相当優秀な人でないと、いや、優秀というだけでは上へ上がれない状況が続いています。マネージャーである程度経験を積んでくると、その状況が見えてくるため、監査法人内でヒエラルキーの上位を目指すことにモチベーションを見出している人でない限り、事業会社や税理士法人、投資会社など、外へ出て新たなキャリアを探る人が少なくありません。監査法人の定着率が低い原因には、この点も関係していると思います。

ただ、外へ出るにしても、それまでに幅広い経験を積んで自分の業務領域を広げ、知見を深めておかないと、結局、転職先も監査法人ということになり、同じ状況に苦しむことになる可能性が高いというのが現実です。

図2-2　IPOに携わる会計士の監査法人におけるキャリアパス

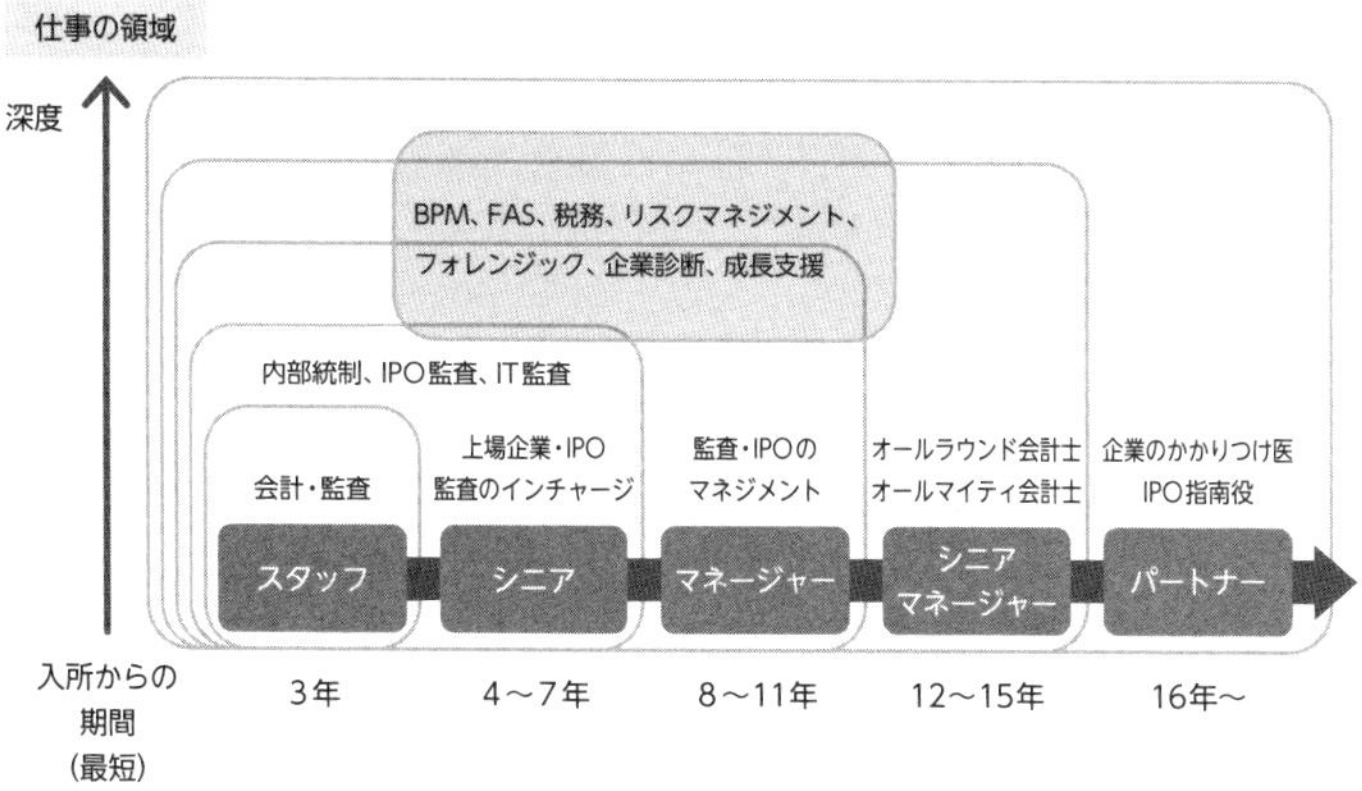

結論は、自分の存在価値を発揮し続けられる監査法人で……

監査法人の離職率が高い最大の理由は、監査という仕事に魅力が感じられなくなってしまっていることではないかといいました。

しかし、これもすでに紹介したとおり、監査の仕事というのは楽しいところがたくさんあります。

監査を通じて自分自身が大きく成長することも、クライアントの役に立てると実感できる場面も、結果をつくる機会も多々あります。

ただし、悲しいことですが、すべての監査法人で、そのような体験を得られるかというと、そうではないというのが正直なところです。

例えば、近年監査法人の外資化がかなり進んでいるように感じています。グローバルファームと連携するようになり、本国の方針の影響力が非常に強くなっているからです。ＩＰＯ監査やアドバイザリー業務などを縮小しているのも、そのためでしょう。

本国が目指している方向性は、グローバルに活躍している超大手企業を最優先で獲得するといった冷徹なまでの生産性向上ですが、その方向性が必ずしも日本市場にマッチしているとは思えません。例えば、日本ではユニコーン企業のＩＰＯは年に数えるほどしかありませんが、ユニコーン候補以外の企業はターゲットにしないということも耳にします。

このような中、日本の監査法人が日本市場においてどのような経営方針を掲げているのかという点は見えにくく、結果、そこで働いているメンバーも目指すべき道しるべを見失っている状態にあるのではと感じることもあります。法人としての目標がよくわからないためにゴールが見えず、組織の目標と個人の目標のミスマッチが多く発生しているという負の連鎖が起こっているのではないでしょうか。

中小企業、ベンチャー企業、ＩＰＯのサポートに情熱を注ぎたいのに活躍できるフィールドがどんどん狭くなる。その分野で活躍したい人は、組織と個人の方向性のミスマッチとなり、仕事のモチベーションが低下する。加えて、ミスを排除しようとするがゆえに、メンバーが自分自身で判断・決断できる領域がどんどん狭くなり、レスポンスの良い監査対応が難しくなり現場が息苦しくなっているとも感じています。

仕事の醍醐味は、自身の存在価値を感じられるところにあるはずです。

ところが、裁量域が狭くなると自分の意見や考えを反映しづらくなり、存在価値を実感する機会も必然的に、少なくなっていきます。それでは、単純な作業に近くなってしまいます。

ざっと思いつくままに並べただけでも、監査業界の課題はこれだけあります。そのため、もし、監査の仕事を楽しみたいと思うのであれば、こういった課題に悩まされることのない、もしくは対策を講じている監査法人を選ぶ必要があります。

▼ベンチャー監査法人という選択ができる時代へ

その選択肢の一つが、ベンチャー監査法人だと思っています。

ベンチャー監査法人のクライアントは中小企業が中心です。そのため、監査チームも数名規模で編成されることが多く、若いうちから幅広い業務経験を積むことができます。クライアント企業の経営者と接する機会も多いですし、監査の全体を俯瞰しながら業務知識を深めていくことが可能です。ベンチャー監査法人はIPO監査にも力を入れているので、上場企業としての組織づくりや内部統制といった仕組みを構築する過程を間近で見るチャンスにも恵まれています。

例えば、企業がIPOを目指す際には、上場に向けて課題を可視化させるために調査を行います。経営管理体制や利益管理体制、業務管理体制、会計管理、コーポレートガバナンス、IT管理体制など、調査項目は会社の仕組みのあらゆるところにおよび、その結果をショートレビュー報告書というものにまとめます。企業はこの報告書をもとにIPOの準備を進め、クライアント、主幹事証券会社、監査法人の3社がタッグを組んでIPOにチャレンジしていきます。IPOに携わる公認会計士として大きなやりがいを感じる一つの機会になっています。

昔はIPOといえば大手監査法人の独壇場でしたが、いまではIPO監査の新規契約を事実上ストップしている大手監査法人もあるなど、中小監査法人が大手監査法人の新規契約件数を凌ぐ勢いであり、大手監査法人のIPO監査全体におけるシェアも年々縮小する状況となっています。

また、実力次第で若いうちから結果をつくる経験を積むことができるのも特長です。少数精鋭体制で監査を行うので、必然的に若手のうちから意見を求められることが少なくないからです。

人脈づくりという点でもベンチャー監査法人にはメリットがあります。大手監査法人の場合、税務相談やフィナンシャルアドバイザリ業務など外部に依頼する案件が発生したときでも、グループ内でほぼ完結することができます。

しかし、ベンチャー監査法人ではそういうわけにはいきません。

クライアントの要望に応じて、新たな連携先を開拓しなければならないケースがあります。それは人脈づくりという観点で見れば、とても有益な機会です。クライアントニーズを満たせる相手かどうかを見極めるためには、当然、相手のことをよく知らなければなりません。何度も会話を交わす必要もあるでしょう。

こういう過程が互いに信頼関係を育み、強い関係性を構築することにつながるからです。

ここで紹介したベンチャー監査法人というのは、私が代表社員を務めている史彩監査法人や次世代監査法人IPOフォーラムに参画している法人などを念頭においています。そのため、Chapter 3からは、具体的に史彩監査法人がどのようなところなのかを詳しく紹介していきたいと思います。

Chapter3

だから成長する「史彩」の教育

見える世界が広くなる。大手とは違う考え方で社員と向き合う

まず、史彩監査法人について簡単に説明しておきます。設立したのは、2017年の3月で、まだまだ歴史の浅い監査法人です。IPO監査を手掛けたいという強い思いを持った社員が集まり設立された経緯からIPO監査に力を入れており、現在では「IPO監査といえば」という枕詞で名前を挙げていただけることがかなり増えています。ちょっと自慢話になってしまいますが、直接には存じ上げない証券会社の方が、IPO監査を頼める監査法人を探していた企業に、「史彩監査法人はいいですよ」と紹介してくれたことがありました。これは本当に光栄なことでした。そういった部署の方ですから、当然IPO監査を手掛けている監査法人のいろいろな情報や評判を手に入れているはずです。その方から評価されたわけですから、史彩監査法人も業界内でだいぶ認められてきているのだと感じることができました。

当法人はクライアント企業を売上高1000億円以下の中小企業に絞っていて、2028年までに業界内で準大手監査法人といわれる従業員200人規模、売上

高36億円まで成長すること。今後20年で4000人規模の事務所になり、活力が失われた公認会計士業界、監査法人業界を活性化させるという目標を掲げています。

そのためには、優秀な人材を育てていかなければなりません。そこで、「3年で上場企業のインチャージができる」という明確な目標を持って人材育成に取り組んでいます。そして、入所後10年までには、さまざまな企業からどんな相談を受けても対応できるマネージャーを目指してもらいます。

私は、会計士が一人前になるには10年かかると思っています。この考えは、若い人のウケがあまりよくないのですが、史彩監査法人の育成方針を理解してもらうためには説明しておくべきことだと思うので、正直に打ち明けておきます。

なぜ、10年もかかるのかというと、さまざまな企業のビジネスや仕組み、人・モノ・お金の流れなどを理解できるようになるには、そのくらいかかると思うからです。その知見を活かして、クライアントからの多様な相談事に対応できる力、解決策を導き出せる力を備え、どのような業種でも監査ができるようになることが、会計士としての一人前、スタートラインだと考えています。その後も会計士として実力を磨き続けていかなければならないことを思えば、このレベルに10年で到達できるというのは決して長いとはいえないと思いますが、いかがでしょうか。

▼育てる責任から採用人数を絞る

史彩監査法人のメンバーは、現在、代表社員や社員、職員合わせて55名（2023年4月時点）ほどですが、新人の採用人数は若干名とか数名に絞っているのも特徴といえるでしょう。

5000～6000名規模の大手監査法人では200～400名ほどを採用していると思いますので、ざっくりと20分の1弱の人を新たに採っている計算です。史彩監査法人よりも多少規模の大きい中小監査法人の中には20名ほど採用しているところもあります。

こういったところと比べると、当社の採用人数はかなり少ない部類ですが、それには明確な理由があります。それは、「会計士として一人前になるまでしっかり育てる」ことを前提としているからです。育成にかける時間をしっかりと取り、大切に育成したいので、いまの規模では若干名とか数名ほどが適正だと判断しています。

現在、監査法人業界は、ベテラン会計士が定年といえる年齢になり退職者が増えています。それは、後進を育成する人材も不足しているということです。数多く採用している監査法人は、3〜5年で半分近い人が辞めていってしまう離職率の高さを踏まえて、適正人数よりも若干多めに新人を採用している部分もあるのでしょう。しかしその結果、教育担当の目が全員へ行き届かず、十分な指導を受けることなく放っておかれている新人も中にいるかもしれません。

史彩監査法人ではそういう事態は避けたいと思っています。ＯＪＴ（On the Job Training）が育成の基本ですから、たくさんの上司、先輩と一緒に行動してクライアントとどのような会話を交わし、どういった行動をしているのか、間近で触れて学べる機会をできるだけ確保したいのです。

とはいえ、我々は監査のプロフェッショナルとしてクライアントに向き合っていかなければならない責任があります。

そのため、おのずとクライアント先へ連れていける新人の人数は限られてしまいます。最近、クライアント先へ新人が大挙して送り込まれてきて、「たいした仕事もせず、時間とコストばかりがかかる」といった不満の声を企業の方からよく耳にします。ＯＪＴによって新人を育成するためには、監査の現場で実践的な経験を積むことが非常に大切ですが、プロフェッショナルとしてお客様と向き合い、質の高いサービスを提供することは、それ以上に重要なことです。仕事と育成（育成も仕事の一環ですが）のバランスを図るためにも、現在の採用人数こそ適正であり、採用した会社として「人を育てる責任」を全うすることだとも思うのです。

また、結果をつくることが仕事の楽しさに通じると考えているので、新人であってもクライアントの役に立てているという手応えを感じられる機会をつくってあげたい。それには、上司・先輩がフォローできる環境下でチャレンジしてもらう必要があり、その点でも人数は絞り込んだほうがいいと思っています。

こういう会社の方針は若手にも伝わるのでしょう。うれしいことに、「とても大事にされている」「働いていて楽しい」「勉強になる」といった声を若手からよく耳にします。

【史彩監査法人の特徴】

- 〝育てる責任〟を全うできる適正人数しか採用しない
- 監査の現場で実践的な経験を積み、監査の楽しさを実感できる環境を重視
- 〝3年で上場企業のインチャージができる〟人材へ育てる

豊かなナレッジと優れた洞察力を持つ公認会計士集団に

人が成長していくうえで、一緒に働く人たちの影響は無視できないものがあります。知識が豊富で、クライアントからも頼りにされている人が身近にいれば、「あの人のようになりたい」と思うようになったりするものです。その人をロールモデルとして、自分を振り返り、いまの自分に何が足りていないのか、そこを補うためには何をするべきなのかといったことを考えられれば、着実に成長につなげていけます。しかしながら、モチベーションが低く、仕事に対してネガティブな発言ばかりが出てくる組織では、成長しよう、結果をつくろうといった前向きな姿勢は育ちにくいものです。

逆に、ロールモデルと思えるような質の高い仕事をする人が幾人もいて、それぞれが専門性を持っているとなれば、教わる立場としては幅広い知識を吸収することができるでしょう。その点、史彩監査法人の社員をはじめとしたメンバーは、経験値の広さ&厚みという点でとてもバラエティに富んでいます。

私は大手監査法人に在籍して、ＩＴ企業からメーカー、商社、飲食業、ヘルスケア、人材サービス、不動産、建設、金融などさまざまな上場企業の監査を経験する傍ら、ゼンショーホールディングスやスタートトゥデイ（ＺＯＺＯ）、トランス・コスモスなど現在では大企業へと成長している企業のＩＰＯ監査をいくつも担当してきました。

また、Ｍ＆Ａの財務デューデリジェンスやＩＦＲＳ（国際財務報告基準）、株価算定Ｊ－ＳＯＸ（内部統制）などに関する財務アドバイザリー経験も豊富です。

その他にも、日本を代表する上場企業での財務経理経験のある人物や事業会社で経営企画室のトップを経験している人物、社外役員をしていた人物、コンサルタントとして活躍していた人物、証券会社の引受審査部門に出向経験のある人物など、多様なキャリアを歩んできた人たちが集まっています。金融庁の検査官をしていた人もいますね。ドラマ『半沢直樹』で片岡愛之助さんが演じていた役どころです。

いずれの社員もＩＰＯ監査を手掛けたい、業界を活性化したいという共通の思いを抱き、史彩監査法人のビジョンや目標、後進を育てていきたいという点で共感し合えているメンバーなので、一体感のある事務所だと思います。

▼与えられるより与える人生を目指して

仕事をしていくうえで、私が大切にしていて、メンバーにも話していることがあります。それは、〝与えること〟を大事にしているということです。

与える人生と与えられる人生があった場合、ほとんどの人は後者の人生を自然と歩んでいます。でもそれでは、「○○してもらえる」とか、「いつも何かが足りない」と思っている人生になってしまいます。だから、隣の芝が青く見えてしまうのだし、少しでも条件のいいところを求めて転職を繰り返してしまいます。前向きにいまの状況を改善していくためにいい条件を求めることが悪いというつもりはありません。いい条件を手に入れられる自分になるため努力するようになるかもしれないからです。

でも、単にいまの自分の境遇に対する不満から〝与えてもらえる〟ことを期待して居場所を変えるようなことをしても、次の場所でも再び不満を感じるようになってしまうでしょう。与えられる人生を望み続ける限り、完全に満たされることなどないからです。

あるとき、私はそのことに気づき、与える人生であろうと考えるようになりました。それ以来、クライアントや社会に対して自分はどのような貢献ができるのだろうという考え方をするように努めています。

史彩監査法人のメンバーには、そういう思考を持っていてほしいと思っています。そういう人は、与えるために自分はどうなるべきかを考えることができるので、成長したいという気持ちも強くなります。そういう人こそ、いい仕事をするし、事務所に福を呼び込んでくれるような気もするからです。

与える人生は基本的に見返りを求めないのですが、メンバー全員にそこまで思い極めてくれとはいいません。しかし、クライアントや社会に貢献するという思いは持っていてほしいです。

その思いを原動力に、豊かなナレッジや経験によって培った洞察力、判断力、会計士としての知見を活かせる人材の集団に史彩監査法人はなっていきたいと考えています。

【史彩監査法人の特徴】

- バラエティに富んだ経験&知見を有した人材の宝庫
- 〝クライアントや社会への貢献〟が共通の思い

クライアントだけでなく、社会の要請にも応えられる人材へ

クライアントの要請に応えるためにさまざまな知見やスキルが必要になるのは間違いありません。上場に向けて内部統制の仕組みを構築したいと言われたとき、その経験がない人にクライアントの望みに応えることは難しいでしょう。しかし、知見やスキルがあれば、できるのかというと、それも違うと思います。もっとも重要で大切なことは、「知らないことを知らない」といえる力ではないかと思います。

人は他人と接する際、鎧《よろい》を着ているものです。家族や友人といるときには何も着ていなかったり、1枚着る程度だったりするかもしれませんが、仕事をするときは知らず知らずのうちに何枚も着込んでいたりするものです。それは、社会人である自分というイメージを守るための防衛策でもあるので仕方ないのかもしれませんが、ときに不自由な面が出てしまいます。その一つが、相手の質問に対して「知りません」と答えられないことだと思っています。

監査のプロフェッショナルとしてクライアントと向き合っているとき、監査に関

連した質問に「知りません」「わかりません」と答えるのには勇気がいります。「そんなことも知らないのか」「本当にプロ?・」などとクライアントに思われたくないという感情が働くからです。しかし、クライアントの要請に応えるためには、そもそも、クライアントが望んでいることを正確に理解しなければなりません。

そこをしっかりととらえていなければ、どれほど知見やスキルがあっても的外れな結果に終わる可能性が高いからです。

そのため、クライアントの話の中に曖昧な部分や、自分の知識では正確に判断できない部分があったときは、たとえ恥ずかしい思いをしたとしても、鎧を脱いで「知りません」「わかりません」といって、もっと深く追求する必要があります。もちろん、プロフェッショナルとして「知らない」と答える必要のないようあらかじめ勉強しておくことが前提になりますが、それでも、パーフェクトな人間などいないのですから、わからないことに出合ったら素直に「知りません」と答えられることは、誰かの期待に応えるためには想像以上に大切なことなのです。

私自身も、いまだに話を聞くことやコミュニケーションについて学び続けています。この間も〝聞く〟ということがどれほどできていないかを発見する研修を受けて、気づきを得てきました。それほど〝聞く〟というのは難しいことなのです。

▼鎧を脱ぐことで築ける信頼関係がある

思い切って鎧を脱いで人と接してみると楽になれます。本音で話せるようになり仲良くもなれるでしょう。何より相手に信用してもらえるようになるものです。鎧を脱いで接することで全員から信用してもらえると断言はできませんが、経験上、頑《かたく》なに鎧を着続けるよりも信用してもらえる可能性は高くなると感じています。

相手が何かを聞いてきたとき、適当にごまかして答えてしまうと、「こいつに聞いても仕方ない」と思われて、次から何も質問されなくなってしまいます。しかし、知らないことをきちんと伝えて、時間を置かずに調べて報告すれば、そこには信頼関係が生まれるものです。自分の問いに誠実に向き合ってくれると感じる相手に嫌な感情を抱くことはありませんから。

オープンで嘘がなくて信頼できる人とは、会話したい、この人と仕事がしたいと思ってもらえます。史彩監査法人では、そういう人を10年かけて育てていきたいと考えています。

事実、私も大手上場企業の役員から「伊藤さんは知らないことを『知らない』と答えてくれるから、本当に信頼できるし、安心して相談できる」と言われたことがあります。

社会の要請に応える前に、まずは目の前にいるクライアントの要請にきちんと応えられる人間になることが大切です。

聞く力を備え、さまざまなクライアントの相談に応えられるだけの知見やスキルを身に付けていけば、もっと広い視野、高い視座で社会を俯瞰して、自分が貢献できることは何かと考えられるようになるはずです。例えば、いくつものクライアントと接していく中で、共通の課題や悩みに触れることがあります。その根っこになる原因は何だろうと突き詰めていくと、業界が抱えている問題に行き着いたりします。その問題を解決するために、さらに広く意見を聞きに行く中で、より大局的な視点に気づけたりするものです。そうして一つひとつ向き合った課題の解決策を模索していくことで、いつの間にか社会の要請にも応えられる人材へと成長していくことができるのではないでしょうか。


【史彩監査法人の特徴】

- クライアントの要請に真摯に向き合い、解決に全力を尽くす
- 〝聞く〟こと、誠実であることを大切にする

3つの柱、「月一研修」「外部講師勉強会」「史彩塾」の価値

史彩監査法人における人材育成のベースはOJTですが、「月一研修」「外部講師勉強会」「史彩塾」という3つの研修も並行して行っています（ここでは省きますが、別途、「新人研修」も実施しています。この新人研修には、もちろん私も関わっています）。

このうち「月一研修」というのは、会計士としての一般的な素養を高めるため、月に一回、会計士と職員全員参加で行っている研修です。一般企業の新人研修や基礎研修だと思ってください。特色があるとすれば、史彩監査法人は2021年から監査電子調書を導入するなど、データ監査やIT活用に非常に力を入れている関係で、データやITツールを使った内容の研修が行われるところでしょうか。監査業界では、データ監査やITツールはまだまだ発展途上の領域で、史彩監査法人としてもより良いITインフラを模索している段階です。

ここで少し、史彩監査法人のIT活用の現状について触れておきたいと思います。

監査電子調書は2021年から導入している他、AIを用いた実証手続といって、

例えば、契約書と会計記録をＡＩで自動的にマッチングするツールを早期に導入するよう検討を始めています。まだまだ試験的ではありますが、監査業務のＢＰＲ（ビジネスプロセス・リエンジニアリング）にも挑戦していきます。ＢＰＲとは、業務の内容やフロー、組織構造、サービスなどビジネスプロセスを根本的に見直し改善することです。監査業務においてもこれを実行するため、まずは数年かけて監査業務の可視化・数値化に取り組んでいきたいと考えています。

業務の効率化という面では、Microsoft 365という生産性プラットフォームをベースに、TeamSpiritという会計士事務所で多く採用されている勤怠管理・工数管理などができるツールを導入しています。ＤＸは相応のコストがかかるため、中小監査法人で積極的に取り組んでいるところは限られているのですが、史彩監査法人では、ＩＴ化を担うエンジニアを2名採用して本腰を入れて推進しています。会計士はＩＴについて素人であるため、事務所内にエンジニアがいても、ほぼ丸投げしているケースが多いのですが、当社ではエンジニアと会計士が議論を重ねながら監査法人にとって最適なＩＴインフラの構築を目指して、日々検討・チャレンジを続けています。月一研修は、こういった試験的なＩＴツールなどについても学べる内容になっています。

▼外部の専門家の話を通じて知見を深める

「外部講師勉強会」は、次世代監査法人IPOフォーラムとの共催で、外部講師を招いて講演してもらう研修です。

次世代監査法人IPOフォーラムとは、これからのIPOを支え、資本市場のインフラとして社会に貢献するという強い志を持った新しい世代の監査法人が中心となって、IPOと会計・監査に関するトピックを研鑽しているベンチャー監査法人の集まりです。

外部講師として来ていただく方々も講演のテーマもバラエティに富んでいて、東京証券取引所の方や証券会社の社員、法律事務所の弁護士などが専門性の高い内容を話してくれます。社労士の先生に「IPOにおける人事管理の留意点について」語っていただくといった具合です。

この間は、中国における監査事情について、中国企業の監査を手掛けている方に話していただきました。中国は情報統制が厳しく、企業情報を国外へ持ち出すこともできないため、基本的に日本の監査法人が現地企業の監査を手掛けることはできません。

そのため、なぜ中国ではそのような状況が発生しているのか、中国企業の監査を手掛ける場合には何に留意する必要があるのかなど、かなり興味深い内容に、研修参加者も真剣に耳を傾けていました。

外部講師勉強会は2カ月に1回程度を目安に、不定期開催しており、テーマに合わせて参加希望者を募っています。月一研修が会計士の基礎を学ぶ研修だとすれば、外部講師勉強会はプロフェッショナルな会計士へと成長するための知識や知恵を学ぶ場と位置付けています。

もう一つある「史彩塾」については、2つの研修とはかなり色合いの異なるものなので次項で詳しく説明したいと思います。

【史彩監査法人の特徴】

- 特徴の異なる3つの研修で会計士としての総合的な力を培う
- 「月一研修」は、会計士としての素養を磨く場
- 「外部講師勉強会」は、プロの会計士として知見をより深める場

多角的に人間教育を実施する、「史彩塾」の学習内容をご紹介

「史彩塾」は「塾」とありますが、別に先生が生徒に向かって講義をするような場ではありません。史彩監査法人の代表社員である私が講師を務め、これまでに経験した実例や監査に関するノウハウなどについて語りながら、参加者とディスカッションをしていくイメージです。

内容は大きく2つに分かれています。古典的名著『中小企業のための内部管理の進め方』（秋山純一著・日経文庫）という本を使って、若い会計士に企業の仕組みを学んでもらうというのが一つです。会計士は当然ですが会計に関する知識は持っています。しかし、会社に関する知識が乏しいがゆえに若いうちは苦労することが多々あります。会社の業務フローや管理資料はどのような形式、内容のものが適しているのかなど、企業の仕組みや事業・業務の在り方、さらにはケーススタディを交えて内部統制上の経営者の視点について、書籍を使いながら解説しています。こちらは、2カ月に一回ほどのペースで開催する、いわゆる研修らしい内容です。

これに加えてもう一つ、月一回ほど行っているのが、私の体験談や会計士としての心構え、考え方などについて語る場です。といってもわかりづらいと思うので、「史彩塾」の雰囲気を多少なりとも感じていただくため、この間語った監査報酬の増額交渉について紹介しましょう。

監査報酬の増額交渉を行う場合は、会社の問題点をリスト化したものや、そのために要した監査時間、監査にあたった会計士の単価などさまざまな資料を揃えて交渉にのぞむものです。しかし、私と社長の仲が良かったA社は、こちらが提出した見積もりを見た社長から私に「監査報酬を値下げしてくれないか」と直接連絡がきました。二人の関係性を考えれば、両者の間で話し合ったほうが結論はすぐに出たでしょう。でも、私はあえてA社の窓口でもある経理部長を介して交渉する道を選択しました。

理由は2つありました。一つは、A社が改善すべきポイントをとことん経理部長に理解してもらうためです。私と社長だけで話をしてしまっては現場責任者である経理部長が会社の課題を本当には納得しないままになってしまう可能性が高いと判断しました。そもそも、監査報酬を押し上げていた原因が、経理部門の機能低下にあったからです。そのため、社長も同席してもらった監査報告会の場でそのことを指摘させてもらったのです。経理部長としてはおもしろくないでしょう。

しかし、そこが経理部長を関わらせた理由の2つ目でした。仮に、経理部長のいない場所で、私が社長に経理部門の機能低下について伝えたら、経理部長は社長からいきなりそのことを指摘されることになります。自分の頭越しに直接社長へ告げ口されたような形になるため、彼は屈辱に感じたかもしれません。A社とは今後も付き合いが継続していきますし、その際の窓口は経理部長となるため、彼は味方につけておくべきですが、屈辱的な思いをさせられた相手と良好な関係を築こうなどとは、余程心の広い人でないと思えないでしょう。それに、経理部門が監査の手間が増えた原因だとなれば、その管理責任者として実情を把握するため部内でコミュニケーションをとるはずです。その結果、指摘の通りだと納得してもらえれば、今度は、監査報酬の増額について社内の理解を得やすくなります。会社にとって監査報酬は1円でも安いほうがいいに決まっています。その増額を社外の、それも当事者である監査法人の人間からのみいわれるのと、一緒に仕事をしている社内の人間の理解もあるのとでは、社長の納得感に大きな違いが出てくるのは仕方のないことです。結果、監査報酬は増額となり、部長との人間関係を維持することもできました。

これは、監査の話でありながら監査そのものに関するスキルやテクニックといった話ではありません。むしろ、仕事をしていくうえで大切な人間関係やその機微の類いの話です。しかし、会計士として長く仕事を続けていくためには、知っていて損はない内容でもあります。

監査報酬の話では、なぜ増額交渉が必要なのかという話もしたことがあります。監査法人がいい仕事をするためには絶対に報酬が必要です。仕事を通じて提供した価値に対して、適切な報酬を受け取ることは当然のことなのです。しかし、なぜか増額を交渉することに引け目を感じてしまう会計士がとても多い気がします。監査報酬が不当に安く抑えられてしまうと、それなりの収入を確保するためには仕事量を増やすしかなくなり、会計士はどんどん疲弊してしまいます。それは仕事の質の低下を招くことになり、結局は監査業界全体にも悪い影響をおよぼすことになってしまいます。このことを理解していれば、クライアントと対等な立場で増額交渉にのぞめるようになるはずです。

「史彩塾」では、自分の失敗談もよく話します。例えば、企業がどの監査法人にIPO監査を依頼するかを決めるとき、コンペになることがあります。複数の監査法人にプレゼンしてもらって、一番よさそうなところを選ぶわけです。

実は、私はこのコンペに3回遅刻したことがあります。そのうちの一回は、30分も遅れてしまいました。IPOを目指している企業の社長も出席しているコンペだったのに、です。人は約束に遅れたとき、「電車が遅れてしまった」などと遅れた原因を説明します。でも、どのような理由で遅れたのかなど相手にとってはどうでもいいことで、あまり心に刺さることはありません。だから、30分遅刻したときは一切言い訳せず、相手の貴重な時間を30分も奪ってしまったことをひたすら謝りました。そのときは、社長から「こいつは信頼できそうだ」と思ってもらえたのでしょう。コンペに勝つことができました。当然、そう思わない人もいるのでしょうが、他の2回遅刻したときも同じようにしてコンペに勝つことができています。

IPO監査を断ったのに、その会社の社長に喜んでもらえたこともあります。上場する2年前から監査が必要になるのですが、どう考えても2年後に上場することは難しく、いま監査を行う必要はないと思えたので、そのときはお断りしました。もし、単に断っただけであれば、相手の心証は悪かったと思いますが、上場するためには会社として何を準備し、整える必要があるのか、上場している他の会社はどのような状況に達したときに上場に向けた準備に入るのかといったことをきちんと伝えたことで喜んでいただくことができたのです。要は、断るにしても断り方次第で縁が切れることもあれば、次につながることもあるという話です。あるいは、良かれと思って取った行動が配慮が足りずに相手の反感を招いたり傷つけたり、困らせてしまった日常茶飯事の出来事などもお話ししました。

まだ会計士として経験が浅い若手には、こういった社会人として生きていくための知恵や教訓を伝えることも育成では大切だと感じています。同じように、監査業界が抱えている課題や史彩監査法人が目指している世界がどういったものなのかを語ることもあります。こういう話を定期的に、かつ代表社員から直接語られることにも若手にとっては何か意味のあることなのだと考えています。

話を聞いたときにはすべてを理解できなくても、これから会計士として働いていく中で、きっと「ああ、これか」と得心できる瞬間がくると思うのです。そのときのために、これからも「史彩塾」は続けていこうと思っています。

【史彩監査法人の特徴】

- 社会人として、会計士として一回り成長できる「史彩塾」がある
- 経験豊富な会計士の実体験から学べる

押し付けではなく、感じることを重視した史彩の育成スタイル

「史彩塾」でもそうですが、私はコミュニケーションをとても大切にしています。仕事においては、こちらから、また上司や先輩から指示することもあります。しかし、目標やビジョン、社会人としての知恵といったものは、指示して押し付けるものではないと思っているからです。日ごろから会話を交わす中で触れ、そこから感じ取ってもらわないと意味がないと考えているのです。

マネジメント本などに、指示するときは、「なぜ、それをするべきなのかという理由や根拠も説明し、納得して行動するよう仕向けることが大切だ」といったことがよく書かれています。私もこの意見に賛成です。例えば、ビジョンや企業理念は多くの会社が掲げています。しかし、その理念に込められた思いまで理解し、共感して、日々の活動の中で実践している社員がどのくらいいるのでしょうか。ほとんどの人は、なんとなくビジョンや理念の文言を記憶している程度だと思います。なぜなら、コミットメントとは自分でするものであって、誰かに押し付けられるもの

ではないからです。本気でやろうと自分で決めたことは実現しようと努力しますが、世の中の流行などに流されて何となく始めたことは長続きしないのと同じことです。だから私は、ことあるごとに会社が目指している目標やビジョンについてメンバーと会話するようにしています。そのことについて、メンバー同士が語り合う機会をつくるようにしています。一つのテーマについて意見を出しあうと、自分とは違う解釈や視点を発見することがあります。それをきっかけに、興味のなかったことが急に興味の対象になったりするのです。この〝興味〟から主体的に考えるようになり、いつのまにかコミットメントになっていったりします。

史彩監査法人には、監査業界を変えたい、監査という仕事をおもしろくしたい、おもしろいものだと気づいてもらいたいと考えているメンバーがたくさんいます。そのため、自然な形でそんな会話が社内で交わされています。それを耳にしているうちに、その考えを共有するようになり行動するようになった入所2年目の若手がいます。彼は、自分から率先して積極的に話すようなタイプには見えませんでした。その彼が、中小監査法人向けの採用冊子に出るといってきてくれたのです。その冊子には名前も写真も出るとわかっているにもかかわらずです。以前の彼であれば、断っていたかもしれません。でも、史彩監査法人をはじめとした中小監査法人で働く楽しさを実感していて、いろいろなことが学べる場所だと満足しているのでしょう。中小監査法人をもっと活気づけるためにも、若い人にどんどん来てほしいと伝えたいから出るのだといいます。

その冊子には他の法人の人が掲載されることになりましたが、この目標を持つようになってから彼の仕事ぶりもイキイキとしたものへ変わってきています。この変化には、私もかなり驚かされました。

▼メンバー同士の心の距離が近い

史彩監査法人は監査法人の中でも、メンバー同士の仲がいい法人だと思います。法人が飲み代をたまに補助していることもありますが、メンバー同士誘いあって、本当によく飲みに行っています。それも、ありがちな同世代だけが固まってというわけでもありません。社員、マネージャー、若手までが一緒になって出かけていくのをよく見ます。

法人としても、メンバー同士の交流は大切だと考えていて、年に2回、事務所全体でイベントを行っています。以前、テキーラパーティーをしたこともありましたね。ワンショット2000円くらいするおいしいテキーラがあり、それをみんなで飲みたいと思ったので、お店の人と仲良くなって少しお安く出していただきました。その日は、みんなで店中のテキーラを飲みつくしてしまいました。

また、新しいメンバーが入ってくると、必ず全メンバーに紹介します。私がこういうことが好きなので、特段意識して行っているわけではありませんが、結果的に、メンバー同士の距離の近さが育成にもプラスになっていると感じています。発言しやすい雰囲気が社内にあるので、若手も意見をいいやすいですし、質問もしやすいです。一緒に楽しい時を過ごしたメンバーが相手であれば、質問にきちんと答えようと思うのは人情です。結局のところ、育成がうまくいくかどうかのベースは、教える側と教わる側に人間関係ができているかによります。史彩監査法人にはそれがあるから、効果的な育成が実現できているのだと思います。

【史彩監査法人の特徴】

- コミュニケーションを重視
- 感じ取ってもらう育成スタイル
- 良好な人間関係が育成効果を促進

充実したＯＪＴで、何がやりたいか、何をやるのかを明確に

これまですでに「ＯＪＴ」という言葉を使ってきましたが、念のため、簡単に説明しておきましょう。ＯＪＴは「On the job Training」の略で、経験豊富な上司や先輩が実際の業務を題材に知識やスキルを伝える育成方法です。

ＯＪＴのいいところは、実際の業務を通じて実践的に学べることだといえます。仕事をしていると、教科書どおりに事が運ぶことなどほとんどないということを実感します。その場の状況や関わっている人の性格・志向などによってイレギュラーなことが起こることなど日常茶飯事だからです。

そんなとき、どのように対応すればいいのか。こういった実践的なスキルはリモートワークではなくＯＪＴでしか学べません。

例えば、監査に慣れている大企業であれば、経理人員も豊富でどのような資料が求められるか把握しているため、必要な資料や書類を入手するのはそれほど難しい

ことではありません。しかし、監査の経験などない企業、例えばＩＰＯを目指しているベンチャーや人的リソースが十分とはいいがたい中小企業の場合、入手すべき資料がそろっていることなどほとんどありません。そのとき、クライアントの事情や状況を汲みつつ、資料を揃えてもらうのは思っている以上に困難だったりするものです。ただ「用意してください」というだけでは抵抗されることもあります。こういうノウハウは、会計士の資格を取る過程で学ぶことはありません。ＯＪＴであれば、指導担当者や上司、先輩の対処法を現場で見ることによって処し方がわかりますし、質問することもできます。

また、現場では当然ながら先輩たちはプロフェッショナルとしてクライアントと接しています。目の前の仕事にも責任が伴います。新人がいきなり重い責任を負わされることはありませんが、それでも現場の緊張感は感じられるはずで、そこから得るものもあるはずです。

こういったＯＪＴのメリットを最大限活かすため、史彩監査法人では〝当たり前〟のこととして、指導担当者と一緒に動いてもらっています。若手であってもクライアントとの折衝の場に同行します。パートナーから監査調書のつくり方について若手が直接指導を受けることもできます。監査では経営者にヒアリングすることがありますが、その場に若手が同席することも珍しくありません。もちろん、仕事ですからクライアントの社風や意向によって若手が同席できないケースもありますが、問題がない限り同席してもらっています。監査報告会など、クライアントと質疑応答する場面があるのですが、そこで会話が盛り上がり（そのことを私は会話がダンスすると言っています）経営者の気持ちがのってきたなと思えたら、若手に発言の機会を振ってみたりすることもあります。

▼楽しく働く先輩たちの背中を見ることによって

史彩監査法人のメンバーは目標を持って仕事に取り組んでいるので、イキイキと働いている姿をよく目にすることができます。これも新人や若手には良い影響をもたらすのではないでしょうか。日々行動を共にする上司や先輩が楽しそうに監査の仕事に取り組んでいれば、自分も同じように楽しく仕事をしたいと思うようになるはずです。そのためには、どのように仕事と向き合えばいいのか、興味がわいてくるでしょうし、先輩たちが実践していることを真似してみようと思うようになるかもしれません。こういった前向きな気持ちが成長を後押ししてくれるものです。

その一方で、私をはじめ機会があるごとに、目標を持つことの大切さや史彩監査法人が目指すビジョンなどの会話をしているので、ビジョンや理念などを共有しやすいだけでなく、監査を楽しむコツのようなものも自然と体にしみ込んでいくのだと思います。前述の若手が実名・顔写真つきの記事に登場するチャレンジを決断したのも、史彩監査法人の環境で働くうちに何かを感じ取った結果なのだと思っています。

また、OJTによって上の世代との交流が生まれ、人間関係が形成されていくので、会社になじみやすくなるという効果も期待できます。史彩監査法人はまだ人数も少なく若手全員に目が行き届くので、放っておかれているといった疎外感を感じることもないでしょう。若手を育てていこうという意識の強いメンバーも多いので、困ったことがあっても相談しやすい環境だと思います。

【史彩監査法人の特徴】

- 若手のうちから重要な仕事の現場を体験
- 経験豊富で質の高い先輩の仕事を体感
- 育成に前向きな先輩の下、成長を実感

〝余白〟づくり発想の指導で、本人の可能性がグングン伸びる

多くの会計士が監査の仕事の楽しさを感じられなくなっている原因の一つに激務があると感じています。本来するべき仕事が忙しいのであれば、まだ納得できる部分はありますが、そうではないところで時間が奪われていることが多いため、やっかいなのです。例えば、年次や立場があがるほど雑用が増えていきます。どうしてと思うかもしれませんが、監査法人ではなんでも会計士が行うからです。一応、アシスタントとして会計士の業務の補助やサポートをするスタッフもいますが、人数が少ないため会計士間で取り合いになったりしています。自分でなくてもできる仕事をインチャージがしているところなどは、本当によく見る光景です。要は、多くの監査法人でBPM（Business Process Management：業務プロセス改善を目的とした管理手法の一つ）がほとんど進んでいないのです。

監査のための規則やルールの増加や、監査法人内のシステムが頻繁に刷新されることも会計士の負担を増やしています。別業界で働いている人は驚くかもしれませ

んが、監査法人では連携しているグローバルファームの方針で、3～4年に一回ほぼ全面的に社内システムや業務で使用しているツールが入れ替わるのです。ようやく扱いに慣れてきたと思える頃に入れ替えられるため、また覚えなおさなければなりません。監査のDXについても、「単純にやることが増えた」という愚痴をよく耳にします。DXとは、業務効率化を図るために行うはずなのですが、監査法人では逆効果になっていることがあるのです。

また、英語力を身に付けることを推奨される監査法人も多いのですが、業務で英語を使う機会はそれほどありません。大手監査法人であっても、英語で監査する人はそれほど多くはないでしょう。意地の悪い見方かもしれませんが、単に昇進するためのツールとしてTOEICの点数が必要だから学んでいるところがある気がしてなりません。正直にいえば、私は英語が得意ではありませんし、業務で英語力を問われる機会もほとんどありません。社内に英語が堪能なメンバーが複数名いるので、英語力が大きく問われる案件は彼らにお願いすればいいと思っています。

監査業務においても、疑問を感じる話を聞くことがあります。監査では会計記録の同質性を保証するために内部統制やIT統制を見ます。一般的に、IT統制に要する時間は、監査全体の15～20％程度ですが、以前、他の監査法人から当社が引き継いだクライアントでは、全時間の半分をＩＴ統制に費やしていました。しかも継続して監査していて、結果は「有効ではない」と。指導業務を含めて千数百時間かけるのであれば、まだ理解できる部分もありますが、それだけの時間を費やして有効ではないという結果は、マネジメントが機能していないものと思われます。

▼いい仕事には〝余白〟が不可欠

しかし、これでは監査法人が本来なすべき「不正を見逃さない」という監査の本質を全うすることも難しくなってしまいます。クライアントに提供すべき価値の質も下がってしまうでしょう。

なぜなら、不正を発見するのは、簡単なことではないからです。企業側が悪意を持って不正を働いている場合はなおさらです。膨大な資料の中になにがしかの不正の兆候を見出し、もし、これが〝不正であったなら〟という仮定のもと業務プロセスをトレースして見極めていかなければなりません。しかし、忙しすぎると視野が狭くなり、本来気づけたはずの兆候を見逃す可能性が高くなってしまいます。ＩＰ

O監査であれば、上場企業としての決算を組む体制がまるで整っていない状態から業務内容や業務フローといったものを鑑みつつ、内部統制や決算の仕組みを考えていかなければなりません。それには、相当頭を使う必要があります。また、会計上のリスクを洗い出すには、過去の経験から知識を引っ張り出して想像の翼を広げ、潜在的なリスク要因まで一つひとつ見極めていかなければならないのです。突発的な事態が発生したときに対処するにも余白は必要です。予定がギチギチに詰まったスケジュールでは、トラブルに対処する時間の確保もままなりません。それに何度も紹介してきた監査の楽しさの一つである人間関係の構築にも、じっくり本音で語り合う時間が不可欠です。少し考えるだけで、時間的余裕を持つ大切さはいくつも思い浮かんできます。

それなのに業務効率化が進まない背景には、〝時間を使うことが、仕事をしていることになる〟という古い価値観が根強く残っているからではないでしょうか。遅くまで残業しているほうが仕事をしていると評価される一方、定時で上がろうとすると「なんだ、あいつは」といった冷たい視線が注がれる……。そんな光景がまだ残っています。会計士は職人的なところがあり、知識やスキルを身に付けて仕事を覚えていくには、相応の時間をかけなければなりません。しかし、そのことを踏まえても、まだ無駄が多々あるように思うのです。

これでは会計士は疲弊していくばかりで、心のゆとりがなくなり、あれこれ思考を巡らせて監査の仕事を楽しむ余裕も持てないでしょう。いい仕事をするためには、ゆったり、ぼんやりとする時間も大切です。何も考えずに散歩していて、突然いいアイデアを思い付いた経験があるのではないでしょうか。自分の仕事ぶりを振り返って見つめなおし、次に向かう先を考えたり、そのために習得すべき知識やスキルが何か模索したりするにも、考える時間が欠かせません。仕事の質を上げるためにも、仕事を楽しむためにも、〝余白〟はとても重要なのです。

だからこそ、史彩監査法人では2020年頃から〝余白〟をとても大切にした経営を実践しています。

▼〝余白〟がイキイキとした仕事ぶりにも

史彩監査法人では、定時内の仕事の密度を高めることを重視しています。そのためにITを積極的に活用し、効率的な働き方を意識するよう、メンバーの意識改革も進めてきました。徹底しているのは、基本的には定時に仕事を終えて帰るということです。

現在、史彩監査法人の月間平均残業時間は8時間ほどです。年間労働時間も1700時間を切っているはずです。転職サイトなどによると大手監査法人の年間労働時間は2400～2500時間だといわれているので、その差は歴然でしょう。

この効果はてきめんです。まず何よりもメンバーがみんなイキイキと楽しそうに仕事をしています。仕事とプライベートの両立もしやすいので、趣味を充実させているメンバーや子育てしながら会計士としてお客様の評価を獲得しているメンバーもいます。プライベートの時間を自己研鑽のために使い、会計士としての実力をグングン伸ばしているメンバーも。仕事についてじっくり考える時間があるので、仕事の質も上がり監査法人としての評価も上昇しています。そのおかげで、監査の依頼も順調に増えているところです。ワークライフバランスのとれた働き方ができるので、人の採用もしやすくなりました。

実は、余白のある働き方を実現するためには、クライアントの増加と人員の増加のバランスをとることが非常に重要です。クライアント数が人員の総キャパシティを上回るとメンバー一人ひとりにかかる負担が増大してしまいます。逆に、人員ばかりが増えてしまうと全員を養うことができません。

この歯車が、うまく回っているのが、いまの史彩監査法人です。監査法人は採用に苦戦しているところがほとんどですが、当法人は余白づくりの重要性に気づいてから自社ブランディングや採用サイトの制作などに積極的に投資して魅力を発信することに注力してきました。その成果もあって、ここまでかなり順調に余白づくりを進めることができています。

最近では、余白のある働き方が、史彩監査法人の文化として根付きつつあり、より一層、公私でメリハリの利いた働き方ができてきているのではないかと自負しています。

【史彩監査法人の特徴】

- 〝余白〟づくり思想が企業文化に
- 〝余白〟によってワークライフバランスが実現
- 〝余白〟によって監査の仕事が楽しめる！
- 〝余白〟によって自己成長も実現できる

失敗を恐れずにチャレンジを！器の大きな社風でヤル気が高まる

いまの監査法人業界は、どれだけミスをしないか、ミスをなくすかという思考が非常に強いと繰り返し説明してきました。監査を生業《なりわい》としているため、ミスはないほうがいいに越したことはありません。しかし、人はどれほど気を付けていても失敗するものです。野球界のレジェンドであるイチローさんですら打率は3割ほどで、10回に7回は失敗しているんです。私たち凡人がそれ以上に失敗したとしても何ら不思議ではありません。そもそも本人が失敗と思っているだけで、実際は失敗していないことだってあります。

そのため、史彩監査法人では、失敗することを前提に仕事を組み立てていきます。監査という仕事の本質である〝不正を見逃さない〟という点で失敗しなければ、いくらでも挽回するチャンスはあると思っているからです。不正を見逃さないための失敗は、むしろ歓迎します。

どうして失敗を許容するのか。その理由は、失敗を恐れてしまうと何も行動しなくなってしまうからです。仕事で失敗すると恥ずかしい思いをします。上司や先輩に叱られるかもしれません。そのことを知っているから失敗を隠そうとしてしまいます。そんな思いをしたくないからと、行動することすらやめてしまうのです。確かに、何もしなければ、失敗することはありません。でも、行動しない限り、成長も発展も手に入れることはできません。だから、史彩監査法人ではチャレンジを大いに推奨しています。チャレンジした結果の失敗であれば、むしろ評価します。

ただ、そう話しただけでは信じてもらえないと思うので、エピソードも紹介しておきます。すでに紹介した中小監査法人の採用冊子への出演にチャレンジした若手もそうですが、パートナーにも新たなチャレンジに踏み出しているメンバーがいます。彼は物静かな人物で、いろいろな人とコミュニケーションをとるのは得意なほうではないと聞いたこともあり、業務としては品質管理を得意としています。その彼が、この間、営業案件を持ってきたのです。会社として「営業しろ」などとはひと言もいっていないのにです。コミュニケーションをとらない営業などありえません。それなのに、苦手なことにあえてチャレンジしてくれました。

私自身もチャレンジすることが好きです。以前、史彩監査法人よりも20倍ほど規模の大きい監査法人にコンペで負けてしまいました。ですが、それまでの感触から「(クライアント企業の)社長は、本当は史彩監査法人と仕事をしたがっている」という確信がありました。明確な根拠があったわけではなく、直感でしかなかったのですが、すぐさま行動に移しました。周りからみれば、「コンペに負けたのに往生際の悪い人間」に映っていたかもしれません。一度失敗したのに、ダサいと思う人もいたでしょう。でも、私自身はどうすれば社長に認めてもらえるか、会社として一度出した結論を覆してもらえるのか、必死に考えて実行していったのです。結果、その案件を獲得することに成功しました。もし、コンペで負けた時点で諦めてしまい、行動しなければ絶対手にすることのなかった結果です。

実は、「史彩塾」開催も私の中ではチャレンジです。始めた当初は、新人は全員参加にしていたのですが、現在は、聞きたい人、興味がある人が自由に参加するスタイルに変更しています。つまり、どれだけ聞いてもらえるかは私が話す内容次第です。話がおもしろいと評判になれば、どんどん参加者は増えていくでしょうが、つまらないとなると遠からず閑古鳥が鳴くことになるでしょう。史彩塾という機会に自分なりに責任を持って取り組もうと思い仕組みを変えたのですが、以前よりも何を話そうかアレコレと考えるようになったし、いいチャレンジだと思っています。

そもそも、史彩監査法人が目指している目標やビジョンもかなりチャレンジ色の強いものです。詳しくはChapter 4で説明しますが、現在、50名ほどのベンチャー監査法人でありながら4000名規模の監査法人になること、監査業界を変えることを目指しているのですから。

でも、大きな目標を本気で目指していること、失敗を恐れて萎縮するのではなく、思い切ってチャレンジすることのすばらしさなどを折に触れて語り掛け続けた結果、チャレンジ精神は確かにメンバー内に根付いてきています。このDNAをこれから史彩監査法人に加わる新たなメンバーにも引き継いでいってもらいたい。そのためにできることは、これからも可能な限りしていきたいと思っています。

【史彩監査法人の特徴】

- 失敗を恐れずチャレンジする風土
- 行動しないより、行動して失敗するほうをよしとする文化

仕事がとっても好きになり、できると思って〝壁〟を越える社員に

史彩監査法人の育成スタイルは一貫しています。ＯＪＴを通じて、プロフェッショナルの仕事に日常的に触れてもらう、失敗を恐れずチャレンジすることを大切にする、仕事の質を追求し、ワークライフバランスを図れる〝余白〟を確保する――その根底にあるのは、「監査という仕事を好きになってもらいたいから、そして、監査という仕事を楽しんでもらいたいから」です。人が行動するうえで〝好き〟ほど大きな原動力はありません。好きだから、もっとできるようになりたいという意欲がわいてきます、好きだからお客様のお役に立ちたいと思いますし、成長欲求が強くなります。好きであれば、厳しい局面に遭遇したときでも、もうひと踏ん張り、ふた踏ん張りできるはずです。普通、高い壁を前にすると、「無理だ」というあきらめが先に立ちます。でも、好きであれば、その壁を越える可能性を探ろうと努力します。気持ちすら前向きにしてしまうのです。そうして監査の仕事と真剣に向き合っていく中で、監査人としてだけでなく、人としての「自らの器」が形成さ

れ、大きくなっていくはずです。器が大きくなると視野は広がり、それまで気づけなかった監査のおもしろさを発見できるようになり、さらに〝好き〟が膨らんでいって、ますますチャレンジングになっていく――この好循環を生み出せるのが、史彩監査法人だと私は思っていますし、信じてもいます。

とはいえ、現時点の史彩監査法人の育成方法が完璧だなどとは思っていません。発展途上であり、まだまだ改善、改良の余地が多分にあることは自覚していきす。実際、新たな成長の機会を提供する育成施策も検討しているところです。例えば、業務で連携している外部の事務所や企業への出向です。いまのところ史彩監査法人は監査オリエンテッド優先で、税理士や社労士、コンサルタントなどが必要になったときは外部のプロフェッショナルに依頼する形をとっています。大手監査法人のように、自社のグループ内ですべて対応できる体制を整えるのも一つの手段ですが、当社はクライアントそれぞれの事情にもっとも適した解決策を提供するには、その都度外部のプロフェッショナルと連携したほうがいいと考え、いまのスタイルを採用しているのです。そのため、高い専門性を有したコンサルティング会社や税理士法人などとのネットワークを持っています。信頼しあえる証券会社もありますし、当社を評価くださっている企業も少なくありません。そのようなネットワークを活かして、人材交流や2～3年の中長期にわたる出向が実現できないか模索しています。この他にもいい提案やアイデアがメンバーから出てくれれば、真剣に検討したいと思っています。新人や若手といったもっとも成長機会を必要としているメンバーから、どんどん意見を発信してもらいたいのです。そのすべてを採用するのは現実的ではありませんが、おもしろそうなもの、効果が見込めそうなものは実現に向けてまじめに検討していきたいというのが正直な気持ちです。

史彩監査法人は、監査を楽しんでいる会計士の集団という「あり方」にこだわっています。とはいえ、そこは人間ですから、難しい問題に直面することもあるし、ときには反りの合わない人と一緒に仕事をしなければならないときもあります。そんなとき眉間にしわをよせて難しい顔をするのではなく、そんな状況さえも、チャレンジングな機会だと楽しんでしまう。そんな会計士を育んでいきたいと、真剣に取り組んでいます。そのために、育成の方法を考え、工夫を加え続けていきます。

【史彩監査法人の特徴】

- 監査の仕事が好きな人の集団
- 監査の仕事を楽しめる人材を育む会社

Chapter4

業界を変える「史彩監査法人」ビジョン

「彩りある未来を、共に歩む」。ここにある史彩の発想とは？

まだ歴史は浅いものの、史彩監査法人に集まっているメンバーは「監査法人として成長・発展して存在感を高めていく」「働き甲斐や魅力にあふれた職場にし、監査という仕事を楽しめる場所にする」という基本的な考えにはみんな同意しています。しかし、目指すものがぼんやりとしていてはそこへ向かう推進力もぼやけたものになりかねないという若手の声もあり、経営理念、ビジョン、行動指針を策定するプロジェクトを立ち上げました。

経営理念というと経営者の哲学や信念をベースにつくられるものですが、私一人の考えでつくるのは史彩監査法人のあり方として違うと思ったため、立候補制でメンバーを募り、みんなで議論を重ねました。その結果、生まれたものが、この史彩監査法人の経営理念です。

本質的で付加価値の高い監査を追求し、

私たち自身とクライアント、そして、彩りある未来に貢献する

気を付けたのは、「私たち自身」を「クライアント」の前にあげたことです。多くの経営理念は、「お客様」や「社会」への貢献を強く謳うものです。しかし、会計士のような真面目な人種というのは、他者への貢献を先にしてしまうと自己犠牲的な発想でそのことにまい進しすぎるがゆえに自分自身が疲弊してしまうところがあります。それでは、持続的な貢献などできません。

他者に貢献できる人は、まず自分自身を肯定できる人、肯定感が強い人でないと難しいと思うのです。クライアントのためにものすごく仕事をして瞬間的な満足感を得られたとしても、自分自身の幸福度数が貧弱では、蓄積した疲労から心が弱くなり、「何のために仕事をしているのか」がわからなくなってしまいます。この疑問が大きくなっていくと前へ進めなくなってしまいますし、貢献すべきクライアントにネガティブな感情を抱くようにすらなるかもしれません。

逆に、本当にいい仕事をすることで自分自身が幸せになり、周りからも必要とされている、評価されているという自信を持てれば、他者のために役に立とうという

気持ちがわいてくるはずです。だから、監査を楽しむ、仕事を、自分自身の人生を充実させることを意識してもらうために、「私たち自身」という言葉を理念の中にあえて入れました。

▼未来を明確にすることが、その実現可能性を高める

「彩りある未来」とは、さまざまな人にとって明るく、希望のある未来です。多様性やSDGsの考えもここには含まれています。ただし、彩りある未来というのは、人や企業によって異なるものでもあります。史彩監査法人にとっての彩りある未来とあなたにとってのそれは違うでしょう。

理念やビジョンに共感していたとしても、すべてがまったく同じということはありません。

結局は、自分にとっての彩りある未来を実現できるのは自分自身であり、私たちは監査法人という役割を通して可能な範囲でクライアントの彩りある未来を最大限支援することしかできないと考えています。クライアントにとっての彩りある未来を明確にするためのお手伝いは監査を通じてできます。その実現の障害になること

を見つけたり、乗り越えるためのアドバイスをしたりもできるでしょう。だから「貢献」することを理念に掲げているのです。

これは持論ですが、彩りある未来を明確に想像できる人こそが、その未来を引き寄せることができるのだと思っています。

野球の大谷翔平選手がいい例です。彼が高校1年のときにつくった目標達成シート（マンダラチャート）には「8球団からドラフト1位指名」されるという大目標が設定されています。それを達成するために必要な要素として「コントロール」や「スピード160km／h」「人間性」など8つの項目を設定し、さらに、コントロールを高めるためには「リリースポイントの安定」「下肢の強化」など、一つひとつの項目を実現するため、それぞれ8つの目標を具体的に明記しています。

また、彼が高校生のときに書いた人生設計ノートには、27歳でWBCのMVPを獲ると記されています。実際にMVPを獲得したのは28歳のときでしたが、2023年に開催されたWBCは本来21年に開催される予定だったものがコロナ禍で延期されたもの。そのことを考えれば、目標通り実現したといって差し支えないでしょう。

これほど具体的に目標を設定して実現してしまうのは特別な存在だからかもしれ

ません。しかし、具体的に目標を思い描けない限り、何をしていいかが判然とせず、目標には近づけないというのは真理だと思うのです。ほとんどの人は、「昨日より、いい明日を」と思うものの、具体的に何をよくしたいのかが曖昧なため、何を改善すればいいかが具体化できないまま漫然とその日その日を過ごしてしまっています。結果、昨日とあまり変わらない今日を送っているのではないでしょうか。

それを否定するつもりはまったくありませんが、目標を持ち、結果をつくれる人生のほうが楽しいし、充実していると私は思っています。だから、史彩監査法人のメンバーには自分にとっての彩りある未来を明確にしてその実現に向けて頑張ってもらいたい。それによって生まれる力を束ねて、かつそこに史彩監査法人が目指す目標を重ね合わせることで、一つの大きな推進力に変えていく。そんな監査法人になっていきたいと思っています。

【史彩監査法人の特徴】

- 「自分自身」が幸福になることを大切にする
- 肯定感によってもたらされる力をクライアントや社会のために使う
- 目標を具体的に設定してその実現を目指す

20年後へのビジョン。「監査業界に息吹を与える存在になる」

史彩監査法人は、20年後までに実現する目標を明確にしています。それが、このビジョンです。

「会計士といえば史彩監査法人、ＩＰＯといえば史彩監査法人、魅力的な職場といえば史彩監査法人」、と社会に認知されている。史彩監査法人に４０００人が結集し、監査業界に息吹を与える存在になっている。

ビジョンを考えるうえで発想の起点となったのは、「仕事が楽しいと思える未来は、どのような未来なのか」です。それを具体化できれば、未来を実現するためのロードマップが見えてくるし、なすべきことが明確な分、頑張れるとも思ったからでした。ただ、本気でビジョン達成に向かうためには期限が必要だと思い、「20年」という期間を設定しています。

▼人生を使う価値ある目標に出合う

史彩監査法人のビジョンは、会計士の可能性を追求するものでもあります。しかし、私自身は、一度会計士を辞めようと思ったことがありました。何年も会計士、監査の仕事を続けてきて、会計士であることや監査法人で働くことに疲れていたのかもしれません。

自分に向いている仕事は他にあるのではないだろうかと、自分探しの旅のようなことをしていた時期がありました。そのときに、パラダイムシフトといえるような体験をすることになったのです。

私たちは、自分自身の意志で物事を判断していると思っています。その意志はオリジナリティのあるもので、他人の意志が介在してはいないと思うこともあるでしょう。しかし、自分が自覚している意識と無意識を合わせると、自我やアイデンティティといっているものは全体のわずか5%に過ぎません。しかも、意識、無意識双方とも、過去の体験の積み重ねによって形づくられているもので、過去由来のものでしかありません。簡単にいえば、自分の発想や考え方、感情は過去の影響を色濃く受けていて、完全なオリジナルではないということです。

また、何か思い通りにいかないことにぶつかると、自分を納得させるために何かしら理由をつくるものですが、その理由というのも結局は周りや過去に見聞きしたことの中から都合のいいものを組み合わせているだけに過ぎません。

そもそも自分が問題だと感じていたことも、実は問題ではないかもしれない……。何か禅問答のように感じるかもしれませんが、そんなことを考える機会があったのです。


こういうもやもやとした考えや、そのとき自分が抱えていた「監査法人は嫌だ」といった感情や嫌だと思う理由などをバサッと取り払って、自分が本当にやりたいことは何なのかを自分に問いかけ続けた結果、会計士を辞めたい、監査法人を辞めたいという自分の気持ちはどうでもよくなりました。

それよりも、自分と同じように監査法人や監査という仕事に嫌気がさしている会計士が大勢いることがはっきりと見えてきて、そういう会計士がもっと監査という仕事を好きになり、イキイキと働ける世界をつくれたら最高だな、自分の人生を使う価値があるなという思いが、ドンと落ちてきたのでした。

これをきっかけに、自分自身が監査法人業界に何を与えられるかという発想が芽生え、膨らんでいきました。

そこから、その思いを具現化する手段を試行錯誤し続けて、史彩監査法人が形成されていったのです。

自分たちが楽しむことから始める

監査法人業界を変えたい。そう思っても、「変わろう」といって変わるものではありません。人からいわれてすぐに変わることができるくらいなら、ここまでひどい状況にはなっていないはずです。それに、コミットメントは自分自身がするものので、人から押し付けられるものでもありません。

つまり、この業界を変えて、監査という仕事を楽しいものにするためには、会計士一人ひとりが自発的にそう考えて、自分自身で身の回りから変えていかなければなりません。そのために自分にできることは何だろうか？　そう考えていたときに思いついたのが、『トム・ソーヤのペンキ塗り』という話でした。

ある日トム・ソーヤはいたずらをした罰として壁のペンキ塗りを命じられます。

しかし、面倒くさいと思ったトム・ソーヤは、ペンキ塗りをしないで壁の前でサボっていました。でも、友達が来ると、楽しそうにペンキを塗り始めます。その様子を見た友達が話しかけてきても、ペンキ塗りに夢中で気づかないふりをして返事をしません。何がそんなに楽しいのだろうと興味を持った友達が何度か声をかけてきて、ようやく気づいたように振り返るのです。トム・ソーヤが楽しそうにペンキを塗っているので、友達が自分にもやらせてほしいといってもすぐには了承しません。断られれば断られるほど興味をかきたてられた友達が繰り返しお願いしてようやくトム・ソーヤは一緒にペンキを塗ろうというのでした。塗り始めてからも、友達の塗り方にダメ出しをするなど、ペンキ塗りは楽しい仕事で、本当は友達にはやらせたくないという態度を貫きます。結果、友達も次第にペンキ塗りに夢中になっていったのです。トム・ソーヤは、他の友達がきたときも同じようにして、夕方にはとても長い壁をすべて塗りきってしまったのでした。

トム・ソーヤは、自分がやりたくないペンキ塗りの仕事で楽をするために、ペンキ塗りを楽しんでいるフリをして友達を巻き込んだわけです。でも、人が楽しそうにしているのを見ると、興味を持ち、自分もやってみたいと思うようになるという点に多大な示唆が含まれていると感じました。要は、監査の仕事を自分自身が思いきり楽しんでいれば、その姿を見た仲間が集まってきます。楽しく監査の仕事に取り組んでいる集団ができれば、その影響力は一人でやっていたときよりもずっと大きなものになっていきます。

監査の仕事を続けていけば、かつての自分がそうだったように、心がくじけそうになることや目的を見失ってしまうこと、人といざこざを起こしてしまうこともあるでしょう。でも、そんなことはどのような仕事でもあることで、思い通りにならないのは当たり前のことです。だったら、監査を徹底的に楽しんでしまおう。楽しむことのできる仲間を増やしていこう。そう思えるようになったことが、史彩監査法人が成長する原動力であり、業界に息吹を与える存在になるための方法だと信じています。

【史彩監査法人の特徴】

- ビジョン達成までに20年という期限を設けて本気度を高める
- 徹底して「監査を楽しむ」ことで、自身が星のように輝き、周囲を、そして業界全体を動かしていく存在になる

メンバーをデキるビジネスパーソンに変える「5つの行動指針」

経営理念、ビジョンときて、次は行動指針です。これは、経営理念やビジョンを実現するためにメンバーの規範となる行いを明文化したものです。史彩監査法人の一員として、日々どのように考え、行動すべきか、その考え方や行動は経営理念やビジョンの実現につながっているかが重要になります。

このことを踏まえたうえで、経営理念やビジョンを考えたメンバーで議論を重ねた結果、策定したのが、次の5つの行動指針です。

「誠実」：品位を保持し、クライアントと仲間に対して誠実に行動します

「信念」：不正を見逃さず、かつ、企業の成長に寄与する監査を貫きます

「成長」：価値のあるサービスを提供するために、知識と技能を高め合います

「挑戦」：ミスを恐れず挑戦する人を応援します

「尊重」：共に働く仲間を尊重し、楽しさとやりがいのある職場を創造します

「誠実」は、私たちがクライアントや仕事に向き合う際の基本姿勢です。インテグリティを大切にしているという話をしましたが、私たちは口にしたことはしっかり守ります。クライアントの要請にも全力で応える努力を惜しみません。仕事においては、スピードも誠実さの一つだと考えて、クライアントを無駄に待たせないことを意識しています。他の監査法人から監査を引き継いだとき、クライアント企業に評価いただけることの一つがスピードだったりします。現場の判断で意思決定できるものはその場で、そうでないものもその日のうち、少なくとも2日、長くても1週間かからずに回答することを基本にしているからです。

「信念」に通ずる部分でもありますが、監査に誠実であることも大切にしています。不正は見逃さず、例えば、IPO監査に入るには早計だと判断すれば、正直にクライアントへ伝えます。報酬のためにIPO監査に踏み切りたい気持ちはもちろんありますが、そのタイミングで無理をして上場しても、後で苦労することが目に見えているのであれば、撤退や延期を進言するのが誠実な対応だと信じるからです。

「成長」の中で語っている「価値あるサービス」とは何でしょうか？　それは、監査の過程で得た経験や知識をアドバイスといった形で惜しみなくクライアントへ提供することによって、企業としてさらなるステージへと進む手助けをすることです。監査においては、財務諸表などの数字をチェックし、上場企業としてふさわしくない部分を指摘、批判することはとても大切です。しかし、監査法人としての体裁や立場にとらわれすぎてしまうと、本来必要でないにもかかわらず「より安全な判断」に流れてしまうことがあります。その結果、不必要に企業活動を制限してしまいかねません。そこを冷静、かつ正確に見極め、クライアント企業にとって本当に価値あるサービスを提供するには、当然ながら監査人として、また会計士としての力量を研鑽し続けなければなりません。つまり、よりよい監査人、会計士であろうとすることは、自分の成長に対しても誠実であるということです。

「挑戦」については、Chapter 3で詳しく説明したとおりです。史彩監査法人が掲げている理念やビジョンはかなりチャレンジングなものであり、そこを目指すのであれば、メンバー一人ひとりがあくなきチャレンジを続ける必要があると思っています。

指針最後の仲間を「尊重」するというのは、仲間を大切にすることであり、自分の言動だけでなく、仲間の言動も大切にするということです。ただし、仲間の意見を鵜呑みにすることとは違います。まずは意見に真摯に耳を傾け、その意を汲み取る努力をします。そのうえで、自分の考えや常識、慣習などと照らし合わせて、間違っているならそのことを指摘し、考えが異なるなら自らの意見を伝える努力をします。そこからコミュニケーションが生まれ、互いの理解も深まり、信頼へとつながっていくのだと思います。その関係性が築ければ、一緒に働くことが楽しくなっていくでしょう。

現在、史彩監査法人がクライアントから評価いただけているベースにあるのが、この5つの行動指針がまがりなりにも実践されているからだと考えています。ただし、ここで満足せず、さらにその質を高めていくことで、より一層、クライアントに喜んでいただける監査法人を目指していきます。

行動指針を定めるにあたって、メンバーから思いつく限りの意見を出してもらいました。それを集約して、キーワードを抽出・洗練させたものが、この5つです。経営理念やビジョンも含めて、その決定にかけた期間は、およそ2カ月におよびました。理念やビジョン、行動指針は、メンバーが納得し、共有できるものではなければ意味がないので、しっかり時間をかけた結果です。一般的な企業であれば、毎朝朝礼で唱和することで記憶に刻まれていくのでしょうが、監査法人にはそのような文化は希薄なので、シンプルさにもこだわっています。

ただ、史彩監査法人が定めた5つの行動指針は、どのような企業においても、どのような仕事においても大切なキーワードだといえます。このすべてを実践できる人材になるということは、デキるビジネスパーソンになれるということとイコールです。せっかく一緒に働くのであれば、できるだけ長く共にいたいと思いますが、もし、史彩監査法人を辞めることになったとしても、メンバーの市場価値を高めてくれることでしょう。

【史彩監査法人の特徴】

- 監査法人としての成長・発展の裏に、「誠実」「信念」「成長」「挑戦」「尊重」、5つの行動指針あり
- 5つの行動指針は、人材としての市場価値も高める

1時間当たりの「価値」が、一番高い監査法人になっていく……

働き方改革という言葉が広く認知されるようになり、多くの企業がその実現に動き始めた頃、具体的に行われていたのは、残業時間の削減でした。単に、残業を禁止したり、残業する場合は申告制にしたりすることで、残業することへのハードルを高めて勤怠上の労働時間を減らすことが行われていました。

しかしその結果は、会社に残って残業していたものが、仕事を自宅へ持ち帰って帰宅後仕事の続きをすることに置き換わっただけのケースが少なくありませんでした。これでは実質的な労働時間を減らしたことにはならず、何の意味もありません。会社としては残業代を払う必要がなくなる分、メリットはありますが、労働者にとっては、負担はそのままで残業代分の収入が減っただけです。

これでは働き方改革とはいえないため、業務効率の向上に力を入れる企業が増えていきました。その一つの指標として重要視されているのが、「1時間当たりの価値」です。ここでいう価値とは、監査報酬であり、クライアントに提供するサービスの質を指しています。

史彩監査法人も設立間もない頃は会計士が数名しかおらず、クライアント数も少なかったため、実績をつくるためにも監査報酬には目をつぶって依頼を引受けることがありました。

その当時は、1時間当たりの価値もかなり低かったと思います。

しかし、少しずつ実績を重ねて信頼を獲得していったこと、IPO監査に強い監査法人といったブランドを確立していったことでクライアントが増加。採用力の向上によって人材も順調に増員できるようになってきた頃から、本気で業務改革に取り組み、いまでは、ほとんど残業せずにすむようになっています。

大手監査法人の1時間当たりの報酬額を公式書類に基づいて計算してみると約1万1500〜1万1600円くらいですが、史彩監査法人はすでに1万2000円を超えています。このことからも、1時間当たりの報酬でいえば、監査法人の中でトップクラスにあると自負しています。

▼〝ケチ〟な会社は成長しない

史彩監査法人の「1時間当たりの価値」が高い理由の一つに、効率的な監査業務を追求していることが上げられます。

やるべきことはきちんと行い、無駄なこと、クライアントにとって価値のないことは可能な限り削減していくのが、史彩監査法人の方針です。監査を行うためにはクライアントにさまざまな資料を用意してもらわなければなりませんが、その資料を用意するため、クライアント企業の経理部門の方々は時間を使っています。監査を行う時期は、クライアント企業の経理部門にとって非常に忙しい時期なので、余計な負担は避けるべきです。しかし、用意してもらう資料の中には、監査法人独自のルールを守るためだけに必要な資料も混じっているのが現実です。そういった作業を極力排除すると共に、クライアントとのコミュニケーション・スピードを早めていくことで業務効率を高めていくことを常に意識しています。それは結果的にクライアントの負担を軽減することにもなるため、とても喜んでいただいています。つまり、会計士にとっての価値を高めていけば、お客様に提供する価値も高まっていくわけです。

もう一つ、価値を高めていくためにしているのが、少し傲慢に聞こえるかもしれませんが、依頼を受ける企業を選ばせていただいていることです。私たちが提供している価値を正当に評価し、適正な報酬を払っていただける志のある会社と一緒に仕事をしていきたいと考えています。

これはあくまでも個人的な考えですが、私はＩＰＯの依頼を受けるとき、経営者がケチではないことを重視しています。無駄なことにお金を払わないのは正しい姿勢だと思いますが、会社が成長していくために必要な価値あるものであってもケチろうとするのは、「違うな」と。そういう人は自分の会社にも投資しません。物事のバリューがわからない人にいい仕事はできないと思っているからです。まあ、これは余談だと思って聞き流してください。いずれにしても、史彩監査法人はこのような方針を貫くことによって、かなり高いコスト競争力を身に付けつつあり、１時間当たりの価値も業界内でトップクラスに近づいているのは事実です。

【史彩監査法人の特徴】

- 業務効率化と提供価値の質向上にこだわる
- 1時間当たりの価値は業界でトップクラス

金融庁とも意見交換を。もの言う勇気が成長していく証し

中小監査法人にとっては正確な情報とその量が、命綱といっても過言ではありません。大手監査法人に比べて、クライアント数とクライアント企業の規模も、監査法人としての体力も少ないのが現状であり、不測の事態に遭遇したときのダメージも大きくなってしまうからです。ある程度具体的にＩＰＯを考え始めている企業の情報や、行政は何を考え、監査に関わる法律はこれからどのように整備されていくのか、監査業界がこれからどのような方向へ向かっていくのか……。情報を取り逃してしまうと後手を踏んで成長の機会を逸したり、取り返しのつかない判断ミスをしてしまったりする可能性があります。

大手監査法人は長年のネットワークによって、こういった情報が何もしなくても入ってきます。

しかし、中小監査法人は、史彩監査法人も同じく、自ら積極的に情報を取りに

いかなければ、入手することができません。そして、必死に入手した情報ですから、とても大切にします。そのため、私たちはさまざまなところへ情報を集めに出かけています。証券会社でＩＰＯ関連業務の役員をしている人に話を聞きにいったり、証券取引所や銀行にいって、自社のビジョンや方向性について伝え、意見交換を行ったり。この間は、金融庁を訪ねてきました。

▼金融庁に本音をぶつけて価値ある情報を得る

監査法人の人間が「会話をしたい」と金融庁を訪ねることなど、ほとんどありません。監査法人にしてみれば、金融庁は処罰する機関、怖い存在というイメージがあるため、好んで接触することなどないからです。だから、次世代監査法人ＩＰＯフォーラムの仲間と共に訪問したときは、「このような監査法人は初めてです」と感動されてしまいました。

何をしにいったのかというと、史彩監査法人が目指している監査業の姿を説明して、その実現に向けて、いまどのようなことに取り組んでいるのかを伝えました。また、監査業界を取り巻く現状について、金融庁はどのように考えているのかを探るのも目的でした。例えば、２０２０年3月に金融庁を中心としたワーキンググループの報告書において、中小監査法人がＩＰＯ監査に取り組むことを推奨しているが、金融庁は現状をどのように考えているのだろうか。史彩監査法人から見た大手監査法人のあり方や課題について我々がどう思っているのか。金融庁は中小監査法人がＩＰＯ監査に参入することを応援している一方で、立て続けに中小監査法人が金融庁から処分勧告を受けているが、そのような状況下において、私たちはどう進んでいくべきなのか。中小監査法人は、これから大規模化していく必要があるのか。そのときにかかえていた疑問や意見を本音でぶつけさせてもらいました。

　こちらの意気や熱量、真剣度を感じ取ってくれたのでしょう。金融庁の担当者も率直に答えてくれたと感じています。こちらが勝手に誤解していた部分もあったし、国家のことを本当によく考えているのだということも伝わってきました。自由経済の中で金融庁としてできることは規制を導入することくらいしかないというもどかしさを感じていることも。

　もし、上辺だけのスマートな意見交換に終始していたら、深い話はできなかったと思います。

　でも、本音ベースの会話を心掛けたことで、有意義な情報を手にすることができたと思っています。

今後4～5年の間に監査法人市場がどのように変化していくのかという情報は、監査法人経営者として喉から手が出るほどほしいものです。その情報が正確であればあるほどありがたいもの。そういった情報を集約、分析して、今後のかじ取りを行っていくからです。


私は、「周りにいる人は、基本的にみんな味方」だと思っています。だから、どうやって真の味方になってもらおうか、何かいい知恵を授けてくれないかと真剣に話をしますし、耳を傾けます。この真剣さが、会話の質も高めてくれます。交渉などでは、自分の手札を隠しながら出すタイミングを見計らうことも必要でしょう。しかし経験上、本音をぶつけることで相手の本音を引き出せることも少なくありません。自分が大胆な要求をすると、相手も大胆に返してくれたりするものです。そして、何より本音ベースの会話は盛り上がりやすい。会話がダンスして想定した以上の情報を手に入れることができたりもします。しかも、相手との心の距離を縮めてくれ、信頼関係が生まれたりもするのです。

そうして入手した情報の中には、クライアント企業にとっても有益なものが含まれています。経営者というものは、社内に心を許して何でも相談できるような相手がいなかったり、重い責任の伴う意思決定を一人でくださなければならなかったりと孤独な存在です。そのため、自社のことを客観的に見ることができ、かつ有益な情報やアドバイスを提供してくれる社外の協力者の存在をとても大切にしてくれるものです。積極的な情報交換が、まわりまわって、こういった人脈に発展していくことが少なくないのです。

会計士でこのようなことを考えている人は、かなり少数派だと思います。経営者との会話がダンスしているところを他所《よそ》であまり聞いたことがありません。定型の質問に終始して淡々とインタビューを終える会計士がほとんどでしょう。だからこそ、それを実行することに価値があるのです。中小監査法人にとって、積極的な、本音ベースの意見交換は間違いなく成長につながる武器になります。

【史彩監査法人の特徴】

- 正確な情報をつかむためなら、金融庁へも話を聞きに行く
- 本音ベースの会話によって、信頼関係を構築する

IPO支援とアドバイザリー業務。唯一無二の手法で進化する

かつてIPO監査は大手監査法人の独占状態でしたが、いまでは、その数がかなり絞られています。理由は、深刻な人手不足から対応できる余力がないことと、非常に手間がかかるものの収益率が低くなりがちだからです。監査法人は利益を追求する組織ではありませんが、ビジネスという側面もあり、収益を無視することはできないため、収益率の高い監査に舵を切っているのが現状です。

その結果、IPO監査を依頼できる監査法人が見つかりにくい〝監査難民〟という言葉が広まっていますが、質の高いIPO監査を引受けられる監査法人は数えられるほどしかないのが現実です。だからこそ、これからはIPO監査を安心して任せられる監査法人というブランドが競争優位性を発揮していくのであり、史彩監査法人はそこに活路を見出しています。といっても、あくまでも前提は、IPO監査がとてもおもしろい業務であり、クライアントの役にも立てる〝やりがい〟のある業務だからですが。

監査をお願いしたいというニーズに対して、応えられる監査法人の数が足りていないため、監査報酬も適正なものへと変わってきました。また、監査業界内やIPOを考え始めた企業における評価が高まっていけば、それだけ依頼も増えることになります。

史彩監査法人は、これまで大手と準大手の監査法人しか入っていなかった日本公認会計士協会のIPO監査推進協議会にも推薦され入ることができています。収益率が低いという課題も、このような背景から現在では、頭を悩ます問題ではなくなってきているといえます。

IPO監査を軸に成長を目指す

アドバイザリー業務についても、史彩監査法人はIPO監査に関連した領域でしか行っていません。アドバイザリー業務といって想像するであろう、M&Aなどには手を出さず、例えば、売上高600億円、利益が20億円あるような一定以上の業績を上げていてIPOを目指しているが、上場するための社内制度や仕組みが整っていない企業とアドバイザリー契約を結んで、監査が受けられるようになるまで育ていくといった支援をしています。

もちろん、IPOができるかどうかのジャッジも必要になりますし、当社が監査を行うにはあまりにもステージが早いと判断すれば、提携先のコンサルティング会社を紹介したりもしています。

また、最近は「監査難民」に加えて、「主幹事証券会社難民(証券難民)」といった言葉もささやかれるようになっています。

IPOを検討している企業の4割弱が主幹事証券会社の確保に苦戦しているという話もあり、3割近い企業が大手証券会社に主幹事を断られたという話もあります。上場審査が年々厳しさを増し、公開準備に要する手間暇が増大していること、そこに公開準備指導を担っている公開引受部員の人手不足も重なり、主幹事に二の足を踏む証券会社が増えてきているからです。

IPOを考えている企業にとって、証券難民は監査法人が見つからない監査難民と同じくらい深刻な問題になってきているのです。

私たちは、この証券難民問題においてもクライアントのお役に立てる道を模索しています。

このように、監査オリエンテッドに特化し、アドバイザリー業務もＩＰＯ監査の延長線上に絞り込んできたことによって、史彩監査法人はＩＰＯを支援するさまざまな機関の中の重要な歯車の一つとして組み込まれ、認知されるようになってきました。

ＩＰＯ支援に対する取り組みがＩＰＯ業界にかなり浸透してきたのです。

史彩監査法人は、ＩＰＯ支援という領域において、中小監査法人の若きリーダーとしての役割が大いに期待されてきていると思います。

【史彩監査法人の特徴】

- アドバイザリー業務もＩＰＯ監査の範囲内に限定
- ＩＰＯ監査＝史彩監査法人というブランドを確立
- 大手・準大手しかいなかったＩＰＯ監査推進協議会にも推薦で加入

史彩監査法人の究極目的は、「監査業界を楽しくすること」

最終事業年度に係る貸借対照表の資本金が5億円以上ある、または、最終事業年度に係る貸借対照表の負債の部の合計額が200億円以上ある株式会社は、会計監査人による監査が義務付けられています。公認会計士であれば、当然知っている知識です。

このような監査対象の企業の多くにおいて、監査はコストだと考えられています。監査法人によって、企業の経営状態や財務状況が健全であることを確認してもらうことで、自社が作成している財務諸表が正しいことを証明するために受けるのが監査であり、これは企業防衛の意味合いが色濃いからです。

一方、監査人のほうも企業の数字を厳密にチェックして不正を見逃さず、問題があれば指摘、批判することばかりに集中していないでしょうか。そのこと自体は監査の本質であり正しいことですが、そこで思考を止めてしまっては、クライアント企業の役に立てたという手応えは得にくくなってしまうと思います。

しかし、監査というものは、企業の成長・発展に寄与できる仕事です。例えば、事業内容や組織に即した内部統制についてアドバイスすることで、その体制構築を支援したケースを考えてみます。

内部統制に取り組む過程では業務内容やフローを洗い出すことになるため、ワークフローや財務状況の可視化が進み、生産性を阻害している要因や課題を明らかにすることができます。社内のルールやガイドラインが整備されれば、従業員は働きやすくなりますし、内部統制がしっかりすることで企業の社会的信用を獲得できれば、社員のモチベーション向上にも寄与するでしょう。

IPO監査によって、上場を目指す企業の後押しができますし、上場企業が増えていけば、日本経済の活性化にもつながっていきます。そう考えれば、監査は、とてもやりがいのある楽しい仕事だと思えてこないでしょうか。

▼監査業界全体を活性化するために

これまで繰り返し説明してきたように、監査業界にはさまざまな課題が存在し、それが監査という仕事の楽しさを覆い隠してしまい、監査業務を味気ないものにしてしまっています。もし、この暗雲を晴らすことができれば、再び多くの人がこの仕事の楽しさ、魅力を再発見できるはずなのです。

そのために、史彩監査法人では、まず自分たちが手掛ける仕事を磨き上げていきます。メンバーが監査の楽しさを存分に感じて、イキイキ働ける環境づくりにまい進します。その姿を目にした他の監査法人を感化してその輪を広げていき、監査業界の誰もが楽しく仕事に取り組めるようにしていきたいのです。そして、会計士の誰もが楽しみながら監査という仕事の質を追求している世界で、クライアントに提供する価値をブラッシュアップするために監査法人が互いに切磋琢磨する――そんな活気に満ちた世界を目指していきます。

この理想に共感する仲間たちと一緒に、この輪に加わってくれる新たな仲間の登場を心待ちにしながら、目標達成に向けて前へ進んでいきます。

【史彩監査法人の特徴】

- 自らが監査という仕事を心から楽しむ
- その楽しさの輪を監査業界全体へ広げていく
- この考えに共感し行動を共にできる仲間を常に求めている

Chapter5

これが先輩社員たちの声。「監査は楽しい！」

CASE 1

「ほどよいクライアント規模や経営層との近さがあるからこそ、会計士としての専門性を活かした仕事ができる」

——D・K

「裁量ある仕事で、お客様の役に立てること」

それが、会計士として監査に携わる楽しさです。自分にとって、これがやりがいにつながることを、社会人となってはじめて働いた職場で気づかされました。

大学卒業後、最初に選んだ職場は役所でした。地元が好きで、地元で働ける仕事を探した結果の選択でしたが、働き始めて間もなくイメージとの違いに驚きました。予想以上の前例主義で、文章をつくるときの改行の位置までもが「昔からそうしているから」という理由で決められていたのです。ほとんど自分の裁量がない窮屈さを感じてしまったとき、自分は裁量ある仕事を求めていることを知りました。

転職を決意するまで、それほど時間はかかりませんでした。2年ほどで、次の仕事として選んだのが会計士です。知人が監査法人で働いている姿を見て、専門的な知識を活かし、裁量を持って働ける仕事だと思ったのがきっかけでした。

一念発起して勉強に打ち込み、1年後に会計士試験に合格。大手監査法人に入所し、スタッフとして大企業の監査チームに入りました。担当する業務は現預金の監査など限定的でしたが、新人でいきなり重要な仕事を任されるわけがないとも思えましたし、役所と比べれば自由度が高かったので楽しさも感じていました。役所にこもってデスク仕事ばかりだった前職との違いが新鮮だったのです。いろいろな企業、現場へ行き、多様な業務があることを知ることも楽しかったし、社員の横領といった日常生活ではお目にかかることのない経験をすることもありました。

▼監査法人を守るための作業に疑問を感じて

ただ、3年、4年と経験を積んでいくうちに、疑問に思うことが増えていきました。その最たるものが「それは本当にクライアントのためになっているのか」という思いでした。

監査ですから、厳しく見るべきところはそうすべきです。しかし、そのとき所属していた監査チームによっては度を越えているように思えてなりませんでした。重箱の隅をつつくように細かいところまでチェックする。強いていえば、監査する側として〝きれいな調書〟をつくるためにたくさんの資料を用意するようクライアントに要求していたようなものです。クライアントとトラブルになることも少なくありませんでした。

監査に入るタイミングはクライアント企業にとっては非常に忙しい時期にあたります。通常業務でばたばたしているところへ、「本当に必要なのか疑問に感じる資料を要求する」ことが、クライアントのためになっているとは思えませんでした。

また、クライアント企業の実態に適していない手続だったとしても、監査法人として定めたルールにあるからという理由で行っている作業が結構あるのです。

監査法人として定めたルール上、必須の作業だったとしても、実態に合わないのであれば、やらない理由を記載したり、簡易的な手続で終わらせたりとクライアントの負担を軽減する方法はいろいろあります。それなのに〝ルールだから〟と強行してしまう……。なぜそこまでするのかというと、後々検査が入りそこを指摘されたとき監査に問題はなかったと答えるためだったりします。監査法人や監査チームが身を守るための手続というわけです。

このような違和感を抱えていたため、監査チームの上層部が入れ替わり、インチャージを任せてもらえるようになったタイミングで状況を改善しようと思ったのです。まず、クライアントにプラスにならない作業は極力削減していきました。先ほどのような監査法人独自のルールについても、監査基準を満たしたうえで形式的な手続は可能な限り削っていき、クライアントの過剰な負担を減らす道を探ることに尽力しました。

私が変えたいと思ったのは、クライアントのほうを向いた業務改革だけではありません。監査チームの労働環境改善も変えられれば、と。1年間のスケジュールを組んでおき、常に1~2カ月先に行うべき業務を考え、先回りして準備を進めておきます。監査調書も書いておけるところは事前に埋めておいて、それをスタッフに渡すようにしました。そのほうが、スタッフもやるべきことが明確になるのでスムーズに業務を進めることができるからです。

他にも細かなことをいろいろ実行した結果、繁忙期以外は定時に帰れるようにすることができました。それまでは23時過ぎに帰るか、タクシーで帰るという状態だったので、かなり大きな変化だと思います。最初の頃は定時に帰る私を見て、周りは「主査が最初に帰るのか」と笑っていましたから。でも、日中、効率的に仕事をして早々と退社していく私を見て、少しずつ周りも働き方を変えていきました。もちろん、いろいろと改善することができたのは、当時の上司をはじめとした上の方々に理解があり協力してくれたおかげです。それでも、いつまでも変わらなかった状況を変えられたことで、気持ち次第でできることはいろいろあるのだということがわかり、自信もつきました。

▼クライアントとも、社内のメンバーとも距離が近い

その後、40～50人規模の監査チームへと移り、チームを統括するポジションを任されることに。しかし、メンバーが多く、マネージャーも10人ほどいるチームで、管理業務の比率がグッと増えていきました。業務も決められたことを決められた時間までにやるだけのサラリーマン的な働き方が増加し、現場でクライアントと向き合う機会も減少。その頃からモチベーションが下がっていって、もう一度現場仕事にどっぷりつかりたいと事業会社への転職を決めたのです。

でも結局、自分は監査法人のほうが向いているのだと気づかされました。事業会社の考え方など学べることは多かったのですが、同じオフィスで自社のための業務に終始する環境を退屈に感じるようになってしまったのです。

そのため、3年ほどで再び監査法人業界へ戻る決断をして、史彩監査法人に入所しました。選んだ理由？　裁量を持って仕事をしたいという思いが強かったので、はじめから中小監査法人へ行こうと思っていたからです。ただ、7社ほどの監査法人の中で志望度は一番低かったですね。考えが変わったのは、設立間もない監査法人であれば、決まり事も少なく、自由に、大きな裁量を持って働けるだろうと思ったからです。その考えは間違っていませんでしたよ。数名のチームでクライアントを担当するので、必然的に任される業務は広くなります。何より、クライアントとの距離が近いんです。50名規模のチームで監査を行うようなクライアントの場合、部長に合うのもスケジュール調整など一苦労でしたが、いまは社長や役員から直接電話をいただくくらいの距離感で仕事をさせてもらっています。

日ごろからスピードと質を重視した対応を心掛けておくことで、クライアントとの信頼関係も築きやすいです。その点は〝クライアントに負担をかけない動き方〟

など、大手監査法人で業務改善に取り組んでいた頃の経験が生きています。

ただ、その経験を持ってしても、史彩監査法人の業務スピードは驚くほど速いです。それに上下の関係も近い。例えば、監査で大きい問題が起きた場合、上級審査といわれる審査を受けなければなりません。大手監査法人の場合、上級審査を受けるというのは非常に大事で、膨大な資料を用意する必要もあるため、開催までには相応の時間を要します。しかし、史彩監査法人では、代表や品質管理担当パートナーにすぐ電話をして相談。早いときはその日のうちに審査会を開くこともあるくらいです。このスピード感は他の監査法人では考えられません。

こういった日ごろの積み重ねがクライアントとの信頼を強いものにすることにもつながっています。以前、クライアントに会計処理の関係で損失を出してくださいと要求したことがありました。そのクライアントにとってとても大きな損失でしたし、会社に一定の裁量が認められる見積の要素があるため、非常に難しい交渉でしたが、結果的に損失計上を決断していただきました。もし、お客様との関係性が築けていなかったら、理由を丁寧に説明しても首を縦に振ってくれたかわかりません。あのときは、日ごろからの関係性づくりの大切さを改めて認識させられました。

このようにクライアントの信頼のもとに専門性を活かした仕事ができるという手応えを実感できるところが、史彩監査法人の大きな魅力の一つです。

史彩監査法人はお客様の企業規模がちょうどいいんです。小さすぎず、大きすぎもしない。中小監査法人の中には、100％IPO監査のみというところもありますが、それだと身に付けられるスキルや経験が偏ってしまうところも。その点、史彩監査法人のお客様は会計士が専門的な知識を発揮してお役に立つことがしやすい規模感だと感じています。

CASE 2

「〝最大限〟まで顧客に寄り添い、共にIPOを目指す。その達成感、楽しさは他では得難いもの」

――Y・M

決算の課題に対する知見や解決力だけでなく、人間力まで磨かれる――IPO監査は、どこへいっても通用する〝強い力〟を育んでくれる仕事だと思います。

日本を代表するような超大手企業の監査では、クライアント側に優秀な経理人材が大勢いるので、監査の中で間違いがあったとか、アドバイスが必要だったということは、それほど多くはありません。しかし、IPO監査となると、そういうわけにはいきません。監査を受けたことがない、上場企業に求められる正しい決算を組むことが難しい企業に対して、会計士として〝最大限〟まで寄り添いながら可能な限りのサポートを提供しつつ、一緒に決算、監査を乗り越えていかなければならないからです。私が大手監査法人に入り3～4年目に、初めてIPO監査にチャレンジする機会をいただいたのですが、そのときのクライアントも正しい決算とは程遠い状態からのスタートで、かなり悪戦苦闘したものでした。大企業の監査でも、「ここの処理が違いますね」といったことはそれなりにある話ですが、この会社の場合は修正の数が100を超えていました。経理部門には3〜4名ほどしかおらず、当然ながらIPO経験者もいませんでした。

そこから正しい決算を組む体制を構築するには、まずその会社がどのようなポリシーで決算を組んでいるのか理解するところから始めます。ポリシーというのは、誰が、どういう形で、日々どのようなルールに基づいて帳簿をつけているのかということです。Aという取引があったとき、どういう仕訳で表現しているのかといったところを一つひとつブレイクダウンして整理していくことで、どこを正せばいいのか修正すべきポイントが見えてくるのです。数字を追いかけるには、当然ながらお客様の業務フローやビジネスモデルを理解しなければなりません。

しかし、監査を行う会計士という立場上、私たちがお客様に代わって、お客様の数字をつくることはできません。そのため、自分たちにできる〝最大限〟の支援方法を模索しながらアドバイスしていく必要もあります。

ここまでのサポートを行うには、監査手続だけでどうにかなるものではありません。お客様の業務や決算ポリシーを理解するには、コミュニケーションやディスカッションが要求されます。そのコミュニケーションも最初からスムーズに運ぶとは限りません。そのお客様のときも、監査手続に必要な資料の提出をお願いしても資料そのものがなかったり、「なぜ、そんな資料が必要なのか」と言われ、いまの状況でつくることはできないとぶつかってしまったりしたこともありました。

これは、このお客様の話ではありませんが、IPO監査をしていると経理部長の孤独さを痛感することがあります。IPOを目指している企業の場合、経理部員は数名ということがほとんどです。また、経理部長もプロパーで頑張っている人もいますが、外部から経験者を採用することが非常に多い。そのため、外からきたばかりの経理部長が何も整っていない状況から決算を組んでいくという、かなり無茶ぶりな状況が発生しやすいのです。IPOとなると、下についている経理部員もそれまでとはレベルの違う業務を求められることになるため、経理部長との間で目線のズレが起きやすく、経理部長を悩ませたりします。経理部長の上司となると、たいてい経営者など役員クラスになるため、管理面に関して深いところまで理解しているケースが少ないのです。

そのようなつらい立ち位置でIPO業務を進めていかなければならないので、ストレスがたまることもあるのでしょう。IPO支援を行う私たちを相談攻めにするならいいのですが、怒りの矛先をこちらへ向けてくることもままあります。しかも、経理部長となると、40～50代の方が多くなります。会計士は入所してから5～6年でインチャージとしてお客様と直接向き合うようになることが多いので、30代ということが少なくありません。そのため、衝突してしまうことも結構あります。このような状況をとりまとめながら、お客様との間に信頼関係を築き、決算体制を構築してIPOを実現するところまでサポートしていくという仕事は、人間力なくして不可能だといえます。

こういった苦労があるのに、IPO監査をこれからも続けていきたいと私が思うのは、冒頭で話した通り成長できるからであり、何よりも、楽しいからです。

初めてIPO監査を担当したお客様が私を認めてくれたのは、毎日遅くまで自分たちの会社のために仕事をしてくれている姿を見ていたからでした。一緒に飲みに行ったりとコミュニケーションをとる機会を積極的につくるだけでなく、ディスカッションするときは可能な限り事前に準備を整え、有意義な時間になるよう心掛けたり、たとえ意見がぶつかったとしても、お客様のためだと思えば、はっきり伝えるようにしたりしていたためでした。お互いが相手の仕事ぶりに何かを感じて、心が通じていき、いつのまにか、一緒にIPOを目指すワンチームになる――こういった醍醐味や充実感、IPOを実現したときの達成感は、IPO監査でしか味わえないと思っています。

IPO監査で直面するお客様の課題は、決算体制がほとんどない状態からということもあって、難易度の高いものが少なくありません。そのため、自分ひとりで解決できず、監査チームメンバー全員で協議しながら答えを出すという経験も積めます。お客様に対して、より良い提案やアドバイスをするため、監査チームの知見を集約させて最適な回答を模索する大切さも学べました。自分が成長していくと、担当社数をふやしてもチームをリードしながらお客様のサポートができるようになっていくので、仕事の広がりもレベル感も大きくしていくことが可能です。

もう少し視点を広くすれば、日本経済に貢献しているというおもしろさもあります。いま、日本経済は厳しい状態が続いています。でも、IPOを目指している企業は将来の日本経済に貢献する可能性を秘めた企業です。その上場を支援できるという手応えは、なかなかに楽しいものです。また、IPO監査を担当して上場を実現できても、それで私たちはお役御免となるわけではありません。もちろん、その後、継続的に決算体制の整備・充実に向けて伴走していくことができます。監査人という立場ではありますが、企業として成長していくお客様を隣にいながら見続けるのは、楽しいしうれしいものです。

こういう体験を何度もしてしまうと、IPO監査から離れるなど考えられなくなっていました。これが、私が史彩監査法人へ転職した理由です。

▼〝壮大な〟ビジョンに惹かれて

私が勤めていた大手監査法人も、他の大手監査法人と同じく、IPO監査を受嘱しなくなっていきました。このままここにいても、得意で好きな仕事ができなくなるため、外へチャレンジするしかないな、と。どうせ外へ出るなら、新しい考え、触れたことのない文化の中でも自分は評価してもらえるのか、試してみたいと思い、IPO監査を行っている中小監査法人を受けることにしました。

いくつか面接を受けた中で、史彩監査法人を選んだのは、代表の伊藤が〝壮大だった〟からです。「IPO監査を軸に、監査にやりがいを感じる人でいっぱいにして4000人の監査法人をつくる」「楽しく働いている会計士が集まる会社をつくれば、いま、元気のない監査法人業界を元気づけることができる」など、一番ビジョンが大きく、飛んでいました。これを聞いたとき、どうせ外へ出てチャレンジするのであれば、このくらい大きなビジョンを持っているところのほうが楽しいだろうと思ったのです。

その選択は正しかったと思っています。入所して1年ほどで10社を超えるIPO監査を担当させてもらっています。裏を返せば、まだまだ小さい監査法人でありながらIPO監査の依頼がそのレベルできているということでもあります。

監査業務だけでなく、監査法人としてIPO監査のサービスレベルや品質レベルの向上に向けた活動や採用活動など、大手監査法人時代にはできなかった組織運営的な仕事にも携われるようになっています。例えば、ショートレビューの内容はもちろん、ビジュアル面までも改善していったり、進捗管理・タスク管理ができるExcelの管理表をつくってお客様にお渡ししたりしています。この管理表には、タスクの優先度や期限なども記してあるので、膨大なタスクのうち何から手を付けていけばいいのかわかりやすいと、お客様にも喜んでいただけています。こういった管理ツールは、各種ツールが充実している大手監査法人にもなかったものなので、史彩監査法人独自の付加価値といえるはずです。こういったことをＩＰＯ推進室という部署を立ち上げ、メンバーと話し合いながら進めています。

大手にいた頃は、業務については前のめりで取り組んでいましたが、いまは、ベンチャー監査法人として、いま以上にレベルを上げていくため何ができるのかという思考で考えられるようになっています。こういう視座を持てるようになったのは史彩監査法人に転職したおかげですね。

とはいえ、史彩監査法人が目指している世界はまだまだ先にあります。いまはまだベンチャー監査法人として少しずつ名が知られるようになってきたところですが、「ＩＰＯ監査といえば史彩監査法人」といわれる評価を獲得していかなければなりません。それには、より一層サービス品質を向上していくだけでなく、同じ思いを持った人を集めて、育てていく必要もあります。

先ほど〝壮大な〟ビジョンといいましたが、いつのまにか、私自身もそのビジョンの実現を本気で求めるようになっていました。そう思わせるだけの何かが史彩監査法人にはあるのだと思います。それは中に入ってみなければ体感することはできません。だから、少しでも興味を惹かれる部分があったのなら、一度、史彩監査法人がどんな会社か、自分の目で確かめにきてください。楽しいと思いますよ。

CASE 3

「仕事の時間が充実すると、プライベートも楽しく。自己肯定感の高まりにより、仕事への意欲が！」

——A・F

史彩監査法人に入って1年ちょっと経ちました。大手監査法人を長男の進学を理由に退職した後、特に働くでもなく、気が付けばブランク5年。勉強しながらゆっくり再スタートしたい、という希望を持っての求職活動でした。幸い複数の監査法人から内定をもらい、条件面で悩みましたが、最終的には史彩の面接で感じた「速戦即決」のスピーディな姿勢が決め手になりました。他の法人では勤務条件の相談をしても「後ほど検討します」という回答が当たり前の中、史彩だけがその場で即決。打てば響く組織に、魅力と可能性を感じたからです。

史彩で働き始めて、予期していなかったうれしい誤算は、みなさん、定時（17時30分）になると帰って行くことでした。数分前は隣でパタパタとキーボードを叩いたり、打ち合わせしたりしていたはずの同僚たちも、定時になるとサササッと支度をしていなくなります。新人もパートナーも関係なく帰ります。もちろん、年度末決算のときなどは残業もありますが、それも最小限で、一般的な監査法人の繁忙期に比べたらとても少なく済んでいます。

定時で退勤するのは当たり前のことでしょうか？　いえ、監査法人に勤めていたら、そうではありません。大手にいたときは仕事が多すぎるのはもちろんのこと、「上の人が帰らない」「下の人がまだ頑張っている」「早く帰ると余裕があると思われて新たな仕事が降りかかってくる」など、さまざまなしがらみで帰れず、早く帰るときは周囲に「すみません」と謝りながら、そっと退出していました。毎日残業が前提なので、「終わらなければ残ればいい」の思考になってしまい、仕事を早く終わらせるモチベーションは下がっていたと思います。

史彩に入って1年経ったいまでは、早く帰れることは人生のアドバンテージで、仕事の立派なモチベーションになるのだと実感しています。

大手の監査法人ではスタッフからマネージャーまで14年間働いたうち、シニア時代には1年3か月の出産・育児休暇を取得しました。復帰してから1年ほどは時短で15時半に帰っていたのですが、面談で「このままではマネージャーになるのは難しい」と突然言われました。年間1800時間働いている人と1000時間しか働いていない人を同列に扱うことはできない、という趣旨の話も。私自身は当時マネージャーを目指していた意識はなく、時短勤務である以上、昇進が遅れること自体は違和感もありませんでした。しかし一方、当時の監査法人はシニアのままいつまでも働いていていい、という風潮はなく、大げさに言えば昇進できない人は辞めてもらって構わないという不文律があったのです。

長く働き続けるならマネージャーを目指さなくてはならないし、マネージャーになるには残業ありのフルタイム勤務が必須。すごく悩みましたが、実家の応援もありフルタイムに戻しました。保育園のお迎えも子どもの食事もすべて実家にお願いし、残業を終え実家に迎えにいくのは20時から21時。子どもが寝たら、再びパソコンを立ち上げて、メール対応……同年次のシニアと同じだけ働かなくてはいけないという強迫観念に駆られ、使える時間はすべて仕事に費やしていたと思います。

応援してくださる上司、後輩の方もたくさんいて、無事にマネージャーに上がることができました。しかし、そこから数年、今度はシニアマネージャーへの昇進が立ちはだかりました。シニアマネージャーに上がってもその次はパートナーを目指せとプレッシャーをかけられる未来……もうエンドレスです。差し出せる時間もありません。子どもとの時間を取り戻したい気持ちも強まっていたところに部門異動の辞令が出たことで気持ちが途切れ、退職を決断しました。

大手監査法人では学ぶこともたくさんありましたが、総体的に評価すると子どもの幼少期という一度しかない時間を、仕事中心の生活にシフトしおざなりにしてしまった点がいまも悔やまれます。多くを学んだけれど失ったものも大きかった。振り返ればそんな大手監査法人時代です。


退職してからは初めのうちこそ、子どもとの時間や、平日に街を歩ける自由な時間を満喫していましたが、次第に楽しめなくなっていった気がします。ずっとオフ時間では自由時間のありがたみも薄れ、ダラダラと過ごしがちです。無職である以上、会計士の資格もせいぜい「○○君のお母さんは会計士なのだって」程度の価値しか生まなくなり、生活からメリハリが失われていったような感じです。

史彩で働き始めたことは、私にとって大きな転機になりました。いまは心地のいいメリハリの中で生活できています。史彩監査法人で働くことは得るものばかりです。

冒頭に話したように、史彩の働き方の大きな特徴は残業が少ないことです。定時で帰るというのは、想像していた以上に素敵な働き方です。18時から予定を入れることもできます。同僚たちは定時に上がってジムに通ったり、趣味にいそしんだり、習い事をしたりと、上手に「夕方の部」を使っています。

その分、仕事中の時間はとても濃密に、凝縮されています。7時間という決まった枠で、集中力高く、テキパキと仕事を片付けていく様はいつも感心します。責任感もとても強い。ですが、あくせくしたところはほとんど感じられません。新規クライアントが多い中、それぞれがプロフェッショナリズムを発揮して、質の良いものをつくっていこうとする姿勢は、私が史彩監査法人を好きな理由の一つです。以前の私なら、仕事が終わらなければ持ち帰ってプライベートの時間を充てることでカバーしようと考えたでしょうが、史彩ではそういう解決方法は求められていません。だから毎日、7時間の中で効率を上げ、質の良い仕事をしようと必死になっています。仕事に集中して取り組めているという実感があるので、プライベートのときは思い切り楽しもうと自然に思えるようになったのは良い変化でした。

史彩で担当するクライアントは新しいビジネスを手掛ける若い会社も多く、仕事のおもしろさやプライベートの充実を重視し、イキイキと仕事をしている方がたくさんいらっしゃいます。そういった方々からも良い影響を受けているのかもしれません。

プライベートでは、先日、まとまった休みを取り海外旅行へ行きました。コロナ禍で長く遠出できなかったこともあり、親孝行も兼ね、両親の念願だったニュージーランドへ2週間の大旅行となりました。人も自然も穏やかで、目に映るフィコルドや牧草地の景色が瑞々しく、心から幸せだなと思う時間を過ごせました。働くことの喜びを感じられるから、休むことの喜びも、より一層と感じます。

大手にいた頃、休暇を取ることは周りに迷惑をかけることとほぼ同義で、罪悪感もありました。休暇を申請しても本当に取れるのかギリギリまでハラハラし、旅行先では帰る日が近づくと憂鬱でしょうがなかった。それがどうでしょう、今回の旅では「またこういう旅行をしたいから頑張って働くぞ」と逆に働くモチベーションへと変わりました。

史彩で働くようになってから、9時半から17時半までは仕事に集中し、定時後や休日のプライベートな時間は家族や自分のために使えて楽しく過ごせています。仕事への満足感は自分への肯定感を高めてくれるし、そこからまた、明日の仕事を頑張ろうという気持ちが湧いてくる、そんな好循環が生まれている気がしてなりません。

そして、史彩のもう一つの魅力は、なんといっても「人」です。史彩の人は温かく、そしてどこまでも皆プロフェッショナルです。

史彩監査法人は、とてもフラットな組織です。上や下の人と働いている感覚はあまりなく、お隣同士でそれぞれが持っている知識や経験をフルに活かして、皆で考えながら仕事をしています。そして、IPOでも金融でも本を書けてしまうくらいのプロがすぐそばにいるので、気軽に教えてもらうこともできます。がんじがらめの監査に飽きてしまった方、IPOに集中して取り組んでみたい方、仕事とプライベートのバランスを取りながら健やかに楽しく働きたい方に、史彩監査法人は特にお勧めです。ここは、そんな希望をかなえられる場所だと思います。

大手で働いていた頃の自分が中小監査法人に対して頂いていたイメージは、「活気がない」「人間関係が狭い」「旧体質の監査」とか、そういったものだったように思います。ですが実際に飛び込んでみたら、それは全く違いました。直観に従い、史彩を選んだ自分を褒めてあげたいです。

史彩は大手では味わえなかった充実感ややりがいを得られる、楽しい監査法人です。だから、イメージだけで除外せず、史彩に何か感じるものがある方は、ぜひ、自分の目で確かめてみてはいかがでしょうか。

CASE 4

「真の顧客志向を実践しやすい環境でお客様と一緒に成長していける監査法人」

――K・K

監査というと電卓に向かって数字を打ち続けているようなイメージを持っているかもしれませんが、「監査＝Audit（語源はラテン語のaudire「聴く」）」というくらいですから、実際は非常にコミュニケーション力が求められます。それはスタッフという立場であっても変わりません。

クライアントの経理部員などに話して書類を用意してもらう必要がありますし、疑問点や不明なところがあれば確認し、必要に応じて修正をお願いすることもあるからです。

これがインチャージ（主任・主査）となれば、なおさらです。経理部長や役員、経営者と直接やりとりする機会が増え、会話にも内容や質が問われるようになっていきます。私もインチャージになりたての頃、顧客志向の大切さをかみしめた経験がありました。

中小企業のお客様を担当していたときのことです。四半期に一度行われる監査報告会で、社長からいろいろな質問を受けたことがありました。会計処理をどうすればいいのか、内部統制をどのように変えればいいのか、質問の内容はかなり専門性が求められるものでした。

当時はインチャージというポジションにも、経営者と直接話すことにも慣れていなかったため、一つひとつの質問に完璧に答えなければならないという妙なプレッシャーを勝手に感じ、納得できる回答ができるまで返事を先延ばしにしていました。

後から考えれば、社長がアレコレ質問してきたのは、具体的な対応策を知りたいことに加えて、内に抱えている不安を早く軽くしたい、払拭したいという思いもあったのだということがわかります。そのために私は迅速に回答することを求められていました。

そのことに気づけず、いざ返事をした時の社長の反応は良いものではありませんでした。そのため、いまではどのような質問にも〝即レス〟することを習慣づけています。

この習慣のおかげで、史彩監査法人に入ってからもクライアントの方に信頼していただけたことがありました。

史彩監査法人に入所してすぐにIPO監査の案件で、ショートレビューの調査業務に着手することになったのです。私が史彩監査法人での業務に不慣れな事もありショートレビューの実施期間中、こちらからアクションを起こしても良い反応が返ってこなかったのです。

とはいえ、私もそれまでにいろいろと経験を積んでいるので、その程度でひるむことはありません。

業務上、疑問点や確認事項がいくつも出てきたという事情もあり、しつこく電話をしていました。最初は面倒くさそうに応対していたのですが、次第に会話を交わす時間が長くなり、いつの間にか2日に1回はその方のほうから電話をしてくださるようになっていました。もちろん、質問をいただくことも多かったので、課題を解決するために尽力しました。

後で聞いた話ですが、その姿勢や迅速な対応に誠実さを感じられたのが良かったようです。

クライアントとの間でこのような信頼関係を築けるのが、中小規模のクライアントとお付き合いするいいところです。

ただ、監査において、クライアントが私たちに何を求めているかは、ケースバイケースでもあります。

即レスして嫌がられることはありませんが、監査報酬の安さをこそもっとも重視しているクライアントもいれば、監査報酬が多少かさんでも経営改善まで踏み込んだアドバイスを欲しているクライアントもいます。

ただ、クライアントを知り、その考えを理解することができれば、例えば、最低工数で監査意見を出し費用を抑えることも可能になります。クライアントの要望に応える方法を幅広く考えられるようになるわけです。そのためにも、まずはコミュニケーションが重要なのだと思っています。

▼早く成長したい人こそ、史彩監査法人へ

大手監査法人に9年間在籍し、史彩監査法人へ移ることを決めた理由の一つに「基本的にテレワークはしない」という方針がありました。監査法人業界もコロナ禍をきっかけにテレワークが進み、お客様とパソコン画面越しに話す機会が急速に増えています。

しかし、私はリモートの打ち合わせというものにどうしてもなじめません。お互

いの目線があっているのかわかりませんし、話し出すタイミングがつかみづらくて呼吸がなかなかあわないからです。会話は、声以外のいろいろな情報を感じ取りながら〝間〟を合わせることでリズムが生まれるものですが、リモートだとなかなかそういうわけにはいきませんでした。だから、代表の伊藤が「対面が基本であり、お客様の要望でリモートになったとしても、こちらの監査チームメンバーは事務所に集まって話をする」方針だといったとき、我が意を得たりと思いました。

そして、もう一つの理由が、クライアントは中小企業が多く、かつＩＰＯ監査に注力しているところです。大手監査法人にいた頃から中小規模のクライアントを担当する部署にいたおかげで、実にさまざまなことを学べたという実感があります。

監査のおもしろさの一つに、会社を隅々まで知る機会に恵まれる点があると思っています。会社のさまざまな資料を見ることができ、経営のかじ取りを行っている人に直接インタビューする機会も持てます。ただ、会社のことを深く理解するには、大企業になるほど時間がかかるものです。経営層とじかに接するようになるまでにも相応の年月が必要です。だからこそ、中小企業の監査を担当するほうが、いろいろな会社を知るという楽しさを味わう機会には恵まれていると思います。

新人やスタッフとして働いている会計士に、史彩監査法人を勧めたい理由がもう一つあります。まず、代表の伊藤が行っている「史彩塾」の存在です。その内容は、監査を仕事とするうえでのマインドの持ち方や対クライアントにおいて意識すべき点などソフトスキルチックなところを伝えることに重きが置かれていました。これは若手にとってかなり勉強になると思います。経験を積んだ会計士であればわかることですが、マインドが成果につながっていくものなのです。少なくとも、私は若手のときにこういった話を聞いておきたかったと思いました。また、伊藤が話す体験談や事例の中には、私も知らないことが含まれていて、役に立つ部分も多かったりします。

ＯＪＴを通じて仕事を教わることになる先輩たちのレベルの高さも推奨ポイントです。史彩監査法人に入って最初に感じたのが、メンバーの監査レベルの高さでした。また、大手監査法人で経験を積んだ会計士や監査法人から事業会社を経験して再び監査業界へ戻ってきた人など、バラエティに富んだキャリアパスを持った人たちの集まりなので、幅広い経験談、視野の広いノウハウを学ぶことができます。多様性ある先輩たちなので、目標となる人を見つけやすいとも思います。だから、早く成長したいと思う人こそ、史彩監査法人に来ていただきたいです。

CASE 5

「いち早くデータ監査に取り組みノウハウを蓄積。ＩＴ利活用監査法人として、一歩先を進む」

――Ｋ・Ｉ

珍しいと思いますが、私のキャリアのスタートは、システムエンジニアでした。主にその会社のお客様先に常駐して社内システムの保守を担当していたのですが、何か〝手に武器を持ちたい〟と思い、学生のときに行っていた会計の勉強を再開したのが、会計士になるきっかけです。システムの保守業務でもお客様の業務理解が重要ですが、そのためには会計や数字に強いことは武器になると思い簿記の勉強をしていたところ、好きになったことも理由でした。

会計士試験に合格後は、大手監査法人に入所しました。法人内でも大規模なチームに所属し、下積みを重ねていましたが、よりクライアントに寄り添った仕事がしたいという思いが強くなってきました。そこで一度、監査法人を離れて税理士法人へ転職することにしました。税務の経験を積むことで、将来の幅が拡がるのではないかとも考えたからです。
税理士法人ではさまざまな経験を積み、会計士としての知識を深めることができました。そこで、今後はＩＴと会計の知識を両輪で活かしていきたいと考え、転職することにしました。

こういった背景があったため、史彩監査法人に入ることを決めました。小さい監査法人ということもあって、裁量を持って仕事に取り組みやすい環境があること。ＩＰＯ監査の分野で勢いがあること。そして何よりも、ＩＴの利活用に積極的であったからです。実際、私が入る以前からＩＴ活用による社内業務の効率化には取り組み始めていて、そのためのＩＴ人材も在籍しています。また、監査業務においても、ＩＴ監査の重要性の高まりに対応し、ＩＴに関する経験が活かせる環境が拡大しつつあるところにも期待感が持てました。

監査業務がどのように行われているのか、簡単に説明しておきます。一般的に上場企業をはじめとした会計監査を受ける規模の企業においては、多くの業務がデジタル化され、受注管理システムや生産管理システム、勤怠管理システムなど、さまざまなシステムを導入して効率化を図っています。ビジネスでは仕入れや販売などモノやお金が動くとき、伝票を切り、その動きがデータとして保管されています。監査では、例えば、その元データが正しいものか、偽造されたものではないかをチェックしていくわけですが、会社が保有しているデータ量は非常に膨大なもので、そのすべてをチェックするのは現実的ではありません。そこで、サンプルをもちだしてチェックしています。近年、注目されている「データ監査」とは、サンプル抽出によらず関連するデータをすべてチェックして監査を効果的から効率的に進めていこうという取り組みです。

大手監査法人では、プロジェクトチームなどを立ち上げて組織的に推進していますが、史彩監査法人でも積極的にチャレンジしていて、すでに1社でトライアルを行っています。

1社では数が少ないように思うかもしれません。しかし、現状ではトライアルを実施するための準備だけでも相当な手間暇がかかるのです。例えば、現状では監査データの標準化が行われていないため、各企業が独自の方法でデータを収集、蓄積しています。そのため、データ監査で使えるようにデータを整える作業が必要です。また、どのようなデータが、どのタイミングで、どのシステムに入るのかといったデータの構造を理解する必要もあります。大量にあるデータのどの部分を持ってきて監査調書にまとめるのかも考えなければなりません。

こういったイニシャル（最初）におけるコストなどの負担が大きくなるため、監査を受ける企業としても安易にデータ監査を受け入れにくいところがあります。それまでの監査よりも一時的とはいえ、作業量が増え、経理部門など現場に負担を強いることになるからです。一度、仕組みをつくってしまえば、ランニングの負担はデータ監査以前よりも小さくなるはずなのですが、それだけでデータ監査に踏み出せるほど、イニシャルの負担の大きさは小さくないということでしょう。

しかし、データ監査へ移行していく流れは後戻りすることはないと思います。どこかの監査法人が実現してしまえば、一気にデータ監査へと動き出すはずです。監査自体が厳しくなっているだけでなく、人的リソースも不足しているため、業務の自動化、効率化は目をそらすことのできない重要課題だからです。

史彩監査法人は意思決定が柔軟で非常にスピーディーです。代表の伊藤がＩＴに理解があるので、決断が早い。効率化を図れる可能性が見込めるのであれば、「とりあえずやってみよう」となります。データ監査はトライアルを重ねてノウハウを蓄積するフェーズです。ノウハウを体系化して共通項を見出し、多くの企業へ横展開できないか検討しているところです。データ監査はまだまだ草創期にあるので、柔軟性や決断の早さは必ず強みになるはずです。

しかし、史彩監査法人であってもデータ監査に取り組もうという人材はまだまだ足りていません。最近は、ＩＴ監査のニーズが増しているため、私もそちらの業務量が増えてきています。トライアルの2社目も決まりましたが、これまで以上にデータ監査への取り組みを加速させていくには、新たなメンバーが必要なのです。それが、いまこの本を読んでいるあなたならうれしいですね。

おわりに

最後までお読みいただき、ありがとうございます。

本書で紹介している監査法人業界のさまざまな課題は、私が見聞きしてきた話や将来の監査法人業界を考えて浮かび上がってきた持論が多分に含まれています。ただ、当社のメンバーには、他の監査法人で長年経験を積んできたキャリア採用の会計士が多く、彼ら彼女らも同じような課題感を共有しているので、業界を取り巻く状況とそれほど相違ないと思っています。

その課題を何とかしたい、監査法人で働く会計士がイキイキと仕事を楽しめる世界をつくりたい。

その思いから2017年に史彩監査法人が立ち上がりましたが、設立してからしばらくは在籍している会計士が数名しかいない、無名の小さい事務所を維持していくためにみんな必死でした。長時間労働もいとわずお客様と「インテグリティ」に向き合うことを大切に走っていたものです。

そこから少しずつお客様の信頼を得て、受嘱数も増えていく中で、改めて「監査業界を楽しくしたい」という思いを実現するために、私たちは何をするべきなのか考える余裕が生まれ、さまざまな取り組みにチャレンジしてきたというのが、これまでの流れです。

▼理念実現のために、何をすべきか模索して

ＩＰＯ監査の楽しさを知っていて、その仕事に打ち込みたいと考える会計士が集まってできた監査法人ですから、ＩＰＯ支援につながる受嘱数を増やしていくことが、メンバーの楽しさにつながっていくはずです。それは同時に、「ＩＰＯ支援に強い」監査法人というブランドを確立していくことにもつながります。

ただ、ＩＰＯに係る仕事を増やしていくだけでいいのかというと、「メンバーにとっての働く楽しさを大きくしていく」ためには不十分です。いくら楽しい仕事だったとしても、毎日深夜まで残業が続くような状態になってしまっては、いつか必ずメンバーもすり減ってしまいます。「楽しさ」を持続的に感じられることが大切ですから、心身を削って一時の楽しさを味わうような働き方は望んでいません。

そのために、社内の働き方改革にも着手しました。残業をしなくてすむようにオンタイムの業務効率を徹底して見直し、密度の濃い働き方を会社の文化として根付かせるよう努めました。社員が率先して範を示せば、職員全員も効率を意識した仕事をするようになりますし、定時に上がりやすい雰囲気も醸成されていきます。

また、経営層と職員の関係もフラットにし、意見や提案を発信しやすい風土づくりにも気を配っています。設立間もないベンチャー監査法人なので、社内制度といったものはまだまだ未整備な部分があるため、メンバーから改善提案を出してもらいながら、一緒に組織も成長していければと思っています。そのためには、風通しのいい組織であることがとても重要なのです。

こういった改革のすべてを自社だけで進めてきたわけではありません。会計のこと、監査のことであれば、豊富な経験・知見があると自負していますが、企業ブランディングや認知度の向上、組織制度の構築などについてはまだまだ勉強していかなければなりません。外部の専門会社にも協力いただいています。「ケチは大成しない」と言っておきながら自分が出し惜しみしていては本末転倒ですから(笑)。必要と判断すれば、積極的に投資しています。ＩＴに投資しているのも、同じような理由からです。ＩＰＯ監査を通じて、数多くのＩＴ企業のお客様とお付き合いしてきたおかげもあって、ＩＴ活用に対する抵抗感のようなものはありません。しかし、私自身はＩＴに関する知識はないので、知識のある人材が必要でした。そのため、現在、史彩監査法人には、２名のＩＴ人材が在籍しています。彼らと話し合いを重ねながら、会社に有用なＩＴインフラの整備を進めているところです。

こういった数々のチャレンジを続けてきたことで、そして、メンバーみんなが理念を共有して会社の成長を後押ししてくれたおかげで、ＩＰＯ監査の領域ではそれなりに名前を知られるようになってきています。クライアント数も着実に増加し、採用力もついてきました。理念・ビジョンの実現に向けて、次のステージを本格的に考えられるようになっています。しかし、これからはじまる新たなチャレンジには、まだまだ仲間が足りません。

本書を読んで、少しでも史彩監査法人に興味を持っていただけたなら、一度話をしてみませんか。一緒に、監査法人業界を変えていきましょう！

２０２３年７月

史彩監査法人 代表社員　伊藤 肇

この瞬間こそが、いま、楽しい！

監査法人ほど おもしろい仕事はない

～公認会計士資格保持者に、ホンネで語る“働く”ことの意味～

2023年7月28日　第1刷発行

著　者　伊藤 肇
発行者　鈴木勝彦
発行所　株式会社プレジデント社
〒102-8641
東京都千代田区平河町2-16-1 平河町森タワー13階
https://www.president.co.jp/　https://presidentstore.jp/
電話　編集 03-3237-3733
販売 03-3237-3731
販　売　桂木栄一、高橋 徹、川井田美景、森田 巌、末吉秀樹

装　丁　鈴木美里
組　版　清水絵理子
校　正　株式会社ヴェリタ
制　作　関 結香
編　集　金久保 徹

印刷・製本　大日本印刷株式会社

本書に使用した画像の一部は、
Adobe Stock、Shutterstock.comのライセンス許諾により使用しています。

ISBN 978-4-8334-5233-5
Printed in Japan
落丁・乱丁本はお取り替えいたします。